SOUS LE SOLEIL DE SAGAN

Ingrid Méchoulam

SOUS LE SOLEIL DE SAGAN

Michel LAFON

118, avenue Achille-Peretti – CS 70024
92521 Neuilly-sur-Seine Cedex
www.michel-lafon.com

Il fait salement beau.

Françoise Sagan

Mon arrivée au manoir du Breuil, le 4 juillet 1990. Une grande première. Nous sommes parties ensemble de son appartement de la rue du Cherche-Midi. C'est notre première photo « officielle », grâce à madame Le Breton, la « gouvernante » du Breuil. Bernard Frank se cache mais ne va pas tarder à se montrer… À suivre, son apparition p 53.

24 septembre 2004, tunnel de Saint-Cloud

J'ai attendu très longtemps pour écrire ce livre et rendre hommage à Françoise Sagan en racontant nos quinze années de vie intense, tumultueuse, décousue.

Je fais les présentations : Léa, ma mère, est la meilleure amie de mon mari, Félix Méchoulam. Ils forment un beau couple, dit Françoise. Dans le saladier, on aura reconnu quelques grains de caviar que Françoise adore. Toujours de chez Petrossian. Elle en a même offert à ses « déménageurs bretons ».

Ce jour-là, je fonce dans le tunnel de Saint-Cloud. Pour aller au chevet de ma mère, au plus mal. C'est une banalité de le dire, mais ma mère a tenu une place essentielle dans ma vie. Léa était une femme au caractère exceptionnel, pas une sainte, une force. C'est dans ce tunnel lugubre, alors que je file vers la porte d'Auteuil pour rejoindre le Breuil, que la radio annonce : « La fameuse romancière, Françoise Sagan, vient de nous quitter. » Les deux femmes de ma vie ! Je me réfugie dans la première station-service, pour pleurer.

La veille, de retour du Mexique où j'avais dû régler des problèmes juridiques, je lui avais dit : « Je passe demain et je te ramène au Breuil. Tu seras mieux chez nous, les hôpitaux ne te réussissent pas. » Les semaines précédentes, j'avais tout fait pour qu'elle ait le sentiment de vivre encore ; on avait même échafaudé un projet de voyage. Pas vers le Styx bien entendu. On se mentait mutuellement. Je trouvais toujours qu'elle allait mieux. Elle est morte trois heures avant ma mère. Elle me répétait : « Tu crois que je vais mourir ? Ou alors on meurt toutes les deux. Ne me quitte pas. » Je ne l'ai pas quittée, je dormais avec elle, tête-bêche, dans son lit médicalisé encombré de perfusions. Françoise parlait souvent de la mort. Elle me disait : « On fait toujours tout ensemble, mais j'aimerais partir la première, toi tu continueras (je protestais). Toi, tu vas retrouver là-haut tous tes amoureux… Celle qui reste est une grande égoïste. » Propos décousus, souvent contradictoires mais sincères : « J'aimerais partir la première. » Ce n'était pas pour exorciser la mort, considérée comme un accident inévitable. Mais le destin a voulu que nous ne soyons pas dans la même voiture, ce jour-là.

Elle est partie. L'après-Sagan commence. Je suis seule au Breuil. Beaucoup plus seule d'être abandonnée. La maison est à mon nom pour des raisons fiscales, mais ce sera toujours la sienne, à jamais. Je mettrai des années à me décider à la vendre. Une seconde mort. Grâce à Bernard Frank, nous vivrons des années d'illusion, comme si elle était là. Puis Bernard est mort. Plus personne n'est venu m'aider. Il y a eu un déluge de biographies, quelques films, des articles, plus ou moins bien intentionnés. Aujourd'hui je me décide à me souvenir. Sagan, c'était Françoise. Incomparable… depuis notre première rencontre.

Une nuit de décembre, coup de sonnette de Massimo Gargia, playboy de profession, reconnu, assumé, il s'en est expliqué dans quatre livres avec beaucoup de bonne humeur. Puisqu'il ne fréquente que les puissants du monde, donc les riches, nous nous sommes forcément croisés, et amusés ensemble. Il habite tout près de chez moi. « Trésor, tu peux me dépanner ? Je suis avec une amie. » Il n'est que 3 h 30 du (petit) matin. Et il a tellement d'amies. Dépanner ? Aurait-il perdu

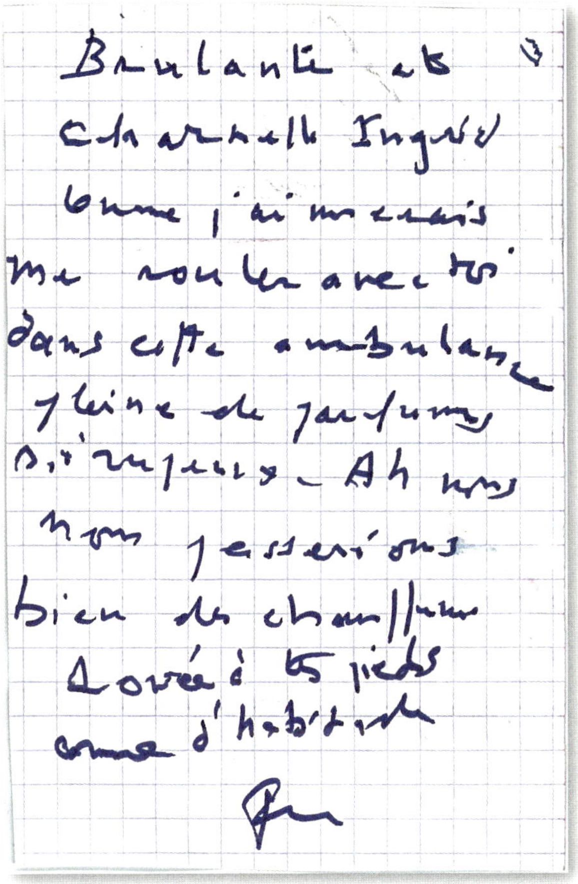

Brulante et
charnelle Ingrid
comme j'aimerais
me rouler avec toi
dans cette ambulance
pleine de parfums
sirupeux – Ah nous
nous passerions
bien du chauffeur
Lovée à tes pieds
comme d'habitude

Françoise pouvait écrire partout, dans un taxi ou même dans une ambulance, arrêtée à un feu rouge. Ainsi ce petit mot : « Brûlante et charnelle Ingrid, comme j'aimerais me rouler avec toi dans cette ambulance… Ah ! nous nous passerions bien du chauffeur. Lovée à tes pieds comme d'habitude »

au jeu, ou son « amie » a-t-elle besoin de réconfort ? J'étais dans mes valises, je devais rejoindre Félix au Mexique. Mais on ne résiste pas à Massimo. L'ascenseur ronronne. Je les attends sur le palier. Superbe, Massimo m'embrasse et se met de côté. « Tu connais sûrement Françoise… » Il ne dit pas Sagan. C'est évident. Sa coiffure n'a pas changé depuis trente ans, je la reconnais. Tout en rondeur, Massimo m'explique que Françoise a besoin d'un petit réconfort qu'on ne trouve pas n'importe où ni n'importe comment à cette heure avancée. Je devais avoir quelque chose dans mon poudrier. Elle est restée deux heures, même Massimo a eu du mal à placer un mot. Quand ils sont partis, je me suis excusée : « Je parle trop de moi. Quelle chance de vous connaître ! » Je me sentais tellement nulle ! Françoise a souri, m'a embrassée : « On va se revoir. Dès que je rentre du Québec. » Le lendemain, je recevais un énorme bouquet de fleurs, accompagné d'un petit billet, non pas (encore) tendre, mais (déjà) complice.

La première fois qu'elle m'a invitée chez elle, je suis arrivée en retard. Pour me justifier, j'ai inventé une histoire nulle, j'étais passée faire mes adieux à un vieil ami qui était à la dernière extrémité. Personne ne m'a crue, surtout pas Françoise qui m'expliquera plus tard la différence entre mensonge et imagination. Première leçon d'une grande romancière. Autre mensonge, par omission celui-là : je ne lui ai jamais dit que je n'avais pas lu *Bonjour tristesse*. Là aussi, elle ne m'aurait pas crue. Et pourtant c'était vrai. J'ai commencé à le lire quand je l'ai mieux connue. Pour ne jamais la perdre. Aujourd'hui, je me rappelle les jours heureux et les heures difficiles. Dans le désordre de mes souvenirs, de mes carnets, de mes photos. Avec un certain sourire.

Une Françoise que j'ai rarement vue aussi élégante, conjuguant le noir et le blanc. Elle participe à une croisière vers Saint-Pétersbourg. À l'époque, les grands magazines lui demandent des grands reportages.

Le Breuil en été, le Breuil en hiver. La « rotonde » est une salle de jeu dédiée au ping-pong. Au second étage, les chambres mansardées, occupées jadis par Sarah Bernhardt puis Sacha Guitry. Rez-de-chaussée. À droite, notre chambre : Françoise n'aime pas « crapahuter ». Premier étage gauche, la chambre et le cabinet de travail de Bernard Frank. On a le sentiment d'être isolé dans les bois d'Équemauville. À la fois au bout du monde et à sept kilomètres de Deauville.

Manoir du Breuil, son domicile fixe

Françoise n'a eu que deux vrais domiciles, sa maison familiale de Cajarc dans le Lot et le Breuil dans le Calvados. Son vrai domicile était son lit XXL qu'elle pouvait installer partout, mais pas n'importe où. Élevée au 9, boulevard Malesherbes, dans le quartier chic de Monceau, elle s'est ensuite installée rive gauche, dans le quartier des éditeurs, naturellement, et des boîtes de nuit qu'elle a fréquentées plus ou moins assidûment. Exception faite d'une brève apparition dans un meublé de la rue de La Boétie, mariée à Guy Schœller, et de quelques semaines dans des hôtels de luxe comme le Lutétia, ou le Georges V. Rues d'Alésia, de l'Université (qui a été marquée par une – première – rupture avec Bernard Frank), de Bourgogne (près de l'Assemblée nationale), de Martignac, Guynemer (près de Castel, Régine, Flammarion), de Lille, de Grenelle, de Villersexel, de Varenne, du Cherche-Midi surtout (un duplex et demi avec jardinet qu'appréciait beaucoup François Mitterrand), quai d'Orsay (son dernier repaire avant de s'installer chez moi). Une liste à la Prévert, pour guide touristique. Chaque fois, elle déménageait léger, quelques meubles et sa valise du jour. Certains en ont même profité pour lui barboter des bricoles. Insouciance et générosité, du pur Sagan, disait sa secrétaire madame Bartoli, qui a été seize ans à son service. À peine débarquée dans un nouveau lieu, elle s'installait sur un coin de chaise pour attendre que le ballet des déménageurs s'achève, sans manifester d'impatience. Quand elle est arrivée chez moi, les meubles et la déco s'y trouvaient depuis vingt ans, elle ne les appréciait guère, mais le lit à quatre places (indispensable pour regarder la télévision) a été sa dernière résidence « royale ».

Manoir du Breuil
le roman de sa vie

FRANÇOISE SAGAN fera l'acquisition du Manoir du Breuil situé sur les hauteurs de Honfleur, grâce à la roulette du casino de Deauville. Nous sommes en 1958, son roman *Bonjour Tristesse* publié 4 ans plus tôt, a été couronné de succès et récompensé par le Prix de la critique. Le reste est histoire de chance et de numéro. En cette nuit du 8 août, le sien sera le 8 et lui permettra de rafler la coquette somme de 8 millions de centimes soit 80 000 francs.

Un magot que la jeune femme tout juste âgée de 23 ans, s'empressera au petit matin - à 8 heures tapantes selon la légende pour rester sur ce chiffre porte-bonheur - de donner au propriétaire pour lui racheter la demeure qu'elle loue tout l'été, fréquentée jadis par Alphonse Allais, Julie Renard ou encore Sacha Guitry. Le lieu devient alors « *son seul bien sur la Terre* » comme elle aimait à le surnommer.

Si elle continue à résider à Paris, Françoise Sagan n'hésite pas à faire la route régulièrement vers la Normandie pour séjourner à Equemauville. Elle s'y sent bien, y accueille ses amis et, bien sûr, y trouve l'inspiration. La plupart de ses ouvrages seront en partie écrits sur la Côte Fleurie. Plusieurs récits et biographies disent de ce Manoir qu'il est son repaire, son refuge bucolique, sa demeure mondaine, expliquent que la romancière y tape frénétiquement sur sa machine à écrire dans sa chambre verte, rêvasse des heures à sa fenêtre ou profite de la douceur du climat, allongée dans l'herbe avec ses chiens.

Mais voilà, la bâtisse aurait besoin de travaux. D'une importante rénovation même. Bien sûr Françoise Sagan a du succès et gagne bien sa vie, mais sa passion pour les bolides et son goût immodéré pour ne pas parler d'addiction au jeu, lui font dépenser sans compter. En 1991, elle passera un accord avec un homme d'affaires. Un certain André Guelfi, plus connu sous le nom de Dédé la Sardine, dont l'affublent les journaux. Il lui demande d'intervenir auprès de son ami François Mitterrand afin de favoriser des tractations pour installer le groupe Elf en Ouzbékistan. L'année suivante Sagan joue alors la messagère auprès du président de la République et introduit Guelfi dans la diplomatie de l'Elysée. Au final, les contrats pétroliers ne déboucheront pas, mais selon l'homme d'affaires, l'écrivain aurait touché une avance de 9 millions de francs, dont 4 millions sous forme de paiement de travaux au Manoir. Ce que Denis Westhoff, le fils unique de Sagan, réfutera catégoriquement. Pour lui, seule la rénovation fut facturée à hauteur de 4 millions de francs. Une somme que sa mère a omis de déclarer. Elle sera alors poursuivie pour fraude fiscale et condamnée par le tribunal correctionnel de Paris à un an d'emprisonnement avec sursis, au remboursement des sommes dissimulées assorties de pénalités.

Ses biens sont vendus, ses revenus saisis. Quant au Manoir qui n'a pas été rénové, il est racheté par son amie, Ingrid Mechoulam, à la banque Dexia. Françoise Sagan pourra ainsi profiter des lieux jusqu'à sa disparition. Elle s'éteint à l'hôpital de Honfleur le 24 septembre 2004, à l'âge de 69 ans, laissant une œuvre composée d'une trentaine de romans et d'une dizaine de pièces de théâtre. C'est cette année le 10e anniversaire de sa mort et le 60e anniversaire de son premier roman *Bonjour Tristesse*.

Notant l'anniversaire de sa mort à Honfleur, le magazine Côte fleurie *célèbre Françoise à l'été 2014. Et, pour une fois, la presse me rend hommage, discrètement mais fidèlement.*

Ses valises étaient quelque part n'importe où dans Paris, mais son cœur était au Breuil. Ce manoir, sans âme et sans style quand elle l'a acheté, était sa vraie maison. Une maison vivante. En l'habitant, elle l'a transformée, au physique comme au moral, si j'ose dire. Cette grande bâtisse, elle l'avait gagnée grâce au casino, en jouant le 8 avec constance : le 8, un 8 août. Elle l'avait louée le temps d'un été parce que l'endroit, si près de Deauville, était miraculeusement calme. Puis avec le paquet de billets qu'elle avait gagné cette nuit au casino, elle l'a achetée. Il était juridiquement sis sur le minuscule hameau de Barneville-la-Bertran, jouxtant Équemauville. Une affaire réglée en trois minutes. Lorsque le proprio, grognon, avait voulu procéder à l'état des lieux après le passage de la locataire et ses amis, il avait ronchonné : « Moi, je veux la vendre cette bicoque. Pas cher. » Un déclic pour Françoise, perpétuelle locataire, qui n'avait jamais d'argent devant elle, de son propre aveu. Pas cher, c'est huit millions en l'état, avait dit le bonhomme. En anciens francs – pourtant révolus, nous sommes en 1971 –, autrement dit quatre-vingt mille francs. Un manoir de seize pièces sur deux niveaux, dépendances, sept hectares de bois. Pas de vis-à-vis. Françoise a l'argent en billets dans le coffre de sa Jaguar. Tope là ! Comme au marché d'Honfleur. Plus tard, elle dira à un journaliste : « Ma grande ambition a toujours été de posséder une maison à moi dans la campagne, un havre où mouiller l'ancre. Je n'aime que les vieilles maisons et cette maison que j'ai achetée un jour de folie, c'est la seule chose que j'ai réussi à garder. Elle a appartenu à Lucien Guitry, Alphonse Allais (natif d'Honfleur), je suis en bonne compagnie. Ma maison est belle, délabrée, ventée mais elle me convient intimement. »

Le premier invité a été le cheval Pinpin qu'on lui avait donné parce qu'elle aimait tant les chevaux. Mais Pinpin s'ennuyait, alors Françoise lui a acheté un âne. Pinpin meurt. L'âne (sans nom) devient cafardeux. Alors, Françoise lui achète un cheval, etc. Plus tard, le fisc ayant saisi les comptes de Françoise qui avait pris une hypothèque auprès de deux banques locales, j'ai réglé la petite note pour qu'elle soit à jamais chez elle. Chez nous. Françoise est restée dans ses meubles. Jusqu'à la fin. Frank y est resté, encore dix ans. Ensemble, nous faisions le tour des restaurants qu'elle avait aimés comme si elle était encore avec nous. Puis j'ai dû m'en séparer. Et Bernard, à son tour, est parti…

Excès de vitesse

Nous ne sommes pas en 1955, date de son célèbre accident qui fait la une de tous les journaux, mais à Noël 1996. Mon mari Félix vient de me quitter, le 8 octobre 1996. Françoise essaie de trouver des activités pour me détourner de ma peine. Je ne sais plus qui propose Saint-Moritz. « Trop triste, dit Françoise, il y aura trop de people, de starlettes, de vieux beaux. Allons au Breuil. » Elle n'a pas ajouté « je m'occupe de tout », mais nous l'avons tous craint. Une fois arrivée au Breuil, je m'affaire à recréer les ambiances danoises comme ma mère me l'a enseigné : mille bougies au mètre carré. Françoise proteste comme chaque fois que je veux faire des étincelles. On remballe les feux de la rampe. Reste le problème Florence Malraux qui doit arriver de Paris. Françoise décide d'aller la chercher à la gare de Deauville. C'est à dix minutes et cent francs seulement le taxi. Mais elle a envie de monter une expédition et de ramener, outre sa meilleure amie de jeunesse, quelques bouteilles à savourer avec le caviar et le foie gras de circonstance (nous en avions toujours en stock !). Je n'ai pas le choix, je lui laisse les commandes de ma Jaguar XL douze cylindres. Pas le temps de confirmer l'alerte météo qui annonce du verglas – c'est quand même de saison –, Françoise se faufile derrière le volant, et son chien Fouillis embarque, avant même que

La veille de Noël, un verglas traître expédie ma belle Jaguar 12 XL, la dernière voiture offerte par mon mari, pilotée par Françoise, en bas d'un talus près de la maison. Mon bolide arrache le filet vert de protection qui indique « virage dangereux ». Pas de panique, chacune fait la photo de l'autre en attendant les secours. Je suis quand même au bord des larmes.

j'aie le temps de boutonner mon vison. Bien que fille du nord par ma mère, je redoute les frimas et préfère le soleil méditerranéen. Françoise, qui n'a plus de permis, n'hésite pas, elle prend la route « panoramique » plutôt que la voie directe, bien droite et balisée, par l'intérieur des terres. Trois heures de l'après-midi, départ style 24 Heures du Mans (spécialité de Jaguar), madame Le Breton nous salue avec résignation. Des myriades d'étincelles – visibles sous nos quatre phares longue portée –, le givre, forment des diamants, un ravissant tapis qui scintille, très glissant. Trois minutes plus tard, trahie par un des mille virages de cette route, voie rustique où les voitures doivent se faire des politesses avant de se croiser, ma Jaguar décolle sur un piège de glace. Direction une centaine d'arbres qui nous tendent les bras en forme de gibet. Françoise enfonce la pointe de son escarpin Hermès. J'ai juste le temps de crier : « Ne freine surtout pas ! » La Jaguar patine et continue tout droit alors que la route vire à gauche. On heurte un chêne qui nous projette dans le vide. On dit qu'au moment de la mort, on revit toute sa vie en un éclair. Pas cet après-midi. On a surtout vu trente-six chandelles, celles que Françoise ne voulait pas allumer dans mon sapin. Françoise n'a pas crié, surtout pas. Très calme, elle a compté les tonneaux, un… « Patience, il y en aura d'autres… », deux, puis le troisième qui s'est fait attendre. Ma Jaguar, réduite de moitié, était sur le pavillon, comme une tortue sur le dos. Françoise pliée sur le volant, moi chiffonnée en boule. Intactes. Françoise, fluette comme une hermine, s'extirpe la première et s'installe contre ce qui reste du réservoir, pour téter quelques gouttes à sa flasque de tequila, le soleil du Mexique. Elle a eu la bonne idée de ne pas griller de cigarette dans les vapeurs d'essence pendant que je ne parviens pas à me sortir de mon piège. Engoncée dans un manteau de vison trop velu, je suis coincée, donc je me « décarpille », comme dirait Bernard Frank. Ça ne passe pas, j'enlève un pull, deux pulls, trois pulls. J'aurais voulu faire du 34 ! Mais je m'extirpe enfin, rejoins Françoise avant qu'elle n'ait fini le soleil du Mexique en gouttes savoureuses. Ciel plombé, nuit glaireuse, route déserte. Nous sommes des naufragées. C'est la Bérézina sans le général Drouot qui aura sauvé tant de braves. Je me rhabille, aidée par Françoise qui me juge trop frileuse. Situation sans issue sur route vicinale d'autant plus déserte que tout le monde fait la fête à la maison. Miracle, la cavalerie arrive comme dans les westerns. La grosse cavalerie, ce n'est pas Drouot, mais un engin qui sable la route. Alerté par la lumière de ce qui reste de nos phares, le conducteur s'arrête à notre hauteur – même si nous sommes dans un ravin ! Deux athlétiques agents des Ponts et Chaussées constatent d'abord les dégâts mécaniques, jettent un coup d'œil à nos dépouilles grelottantes. Rassurants, ils promettent : « On va appeler les gendarmes, mais vous n'êtes pas près de reprendre votre »… « Jaguar », intervient Françoise, toujours précise. « Ces bagnoles anglaises, ça ne tient pas la route. » Moi, sordide, je pense à mes 800 000 francs (dernier cadeau de mon mari Félix) pliés au pied d'un chêne.

Au bout de trente petites minutes, les pandores arrivent « en diligence et en break Peugeot », racontera plus tard Françoise, d'humeur égale. Fouillis daigne enfin sortir de l'épave, sonné – il n'aboit plus pendant quatre mois. Les gendarmes nous ramènent obligeamment au manoir du Breuil, ils viennent de comprendre à qui ils ont affaire. La suite les étonnera encore plus. Françoise les reçoit comme une châtelaine après avoir embrassé Florence Malraux (sa meilleure amie) arrivée depuis deux heures ! Le champagne déjà au frais (en vérité, toujours au frais) confirme l'heureux événement. « On va arroser ça, dit Françoise, tout est prêt, madame Le Breton ? » « Comme d'habitude », sourit cette femme que rien n'arrête. La littérature mondiale aurait pu perdre l'un de ses plus brillants éléments. Trois bouteilles plus tard, les gentils pandores sortent sans claquer des talons, ils ne sont plus en service et fêtent l'année nouvelle. Comme dans un film de Louis de Funès. Dernier gag en effet : en passant l'entrée de la propriété, encadrée par deux bornes, les gendarmes virent trop serré et cabossent sur l'une d'elles l'aile avant droite de leur véhicule de fonction. Conclusion de la romancière : « Quelle belle fin d'année ! »

C'est vrai, on aurait pu se geler à Saint-Moritz ou savourer des douceurs sous l'éternel soleil d'Acapulco. Mieux, nous ne sommes ni au théâtre ni au cinéma, mais dans une minute de la vie de madame Sagan. Moralité, si l'on peut dire, Fouillis est resté six mois sans aboyer, et Françoise n'a pas décapuchonné son stylo pendant deux mois. Elle et lui ont passé la nuit pelotonnés dans le même oreiller. « Bonne nuit dans les bras de Morphée », a souri Florence Malraux qui servait d'autant plus volontiers le champagne qu'elle n'en buvait pas.

Françoise m'a laissé des carnets à couverture de moleskine, comme elle les affectionnait, qu'elle remplissait au hasard de ses inspirations. Parfois, elle utilisait des feuilles volantes qu'elle glissait sous mon oreiller. La scène est censée représenter son arrivée avenue Foch, le jour de son installation chez moi. Bien sûr, elle est au volant. À fond !

Les plus nobles conquêtes de l'homme : Poulou et Hasty Flag

Nebo, trotteur d'origine, peu empressé sur les champs de course normands, avait tous les droits. Il préfère la vie de gentleman farmer à celle de bête de course. Françoise lui donne à manger au salon, puis il se balade et finit toujours coincé dans la cuisine, trop petite pour cet athlète.

Elle a très peu écrit sur son pays natal pour ne pas s'attendrir comme tous les autres écrivains, d'autant que seuls Proust et Sartre, les références absolues, ont pu en parler sans se couvrir de « pommade et de ridicule ». Elle fait une exception pour le cheval, une des plus belles conquêtes de la femme, son admiration la plus définitive. Les chiens sont d'un autre monde, transportables au bout d'une laisse. Des Causses grillés par le soleil, elle retient les mouches « qui se posent sur les naseaux du vieux cheval que je monte et qui lui aussi n'en peut plus de chaleur ». Ce vieux cheval, c'est Poulou, que son père a sauvé de la boucherie.

Les Quoirez vivaient alors dans le Dauphiné, terre sans limites. Françoise a huit ans et décide, c'est déjà toujours elle qui décide, que cette rossinante sera son destrier. Elle n'a pas encore lu *Don Quichotte* mais a déjà trouvé la monture du héros : une vieille carne

Dans le salon, où nous retrouvons l'invité permanent, l'élégant Nebo, chaque après-midi. Comme tout cheval de course normand bien né, il flaire le tapis de roulette.

dégingandée, et flemmard comme un bourricot. Tout pour plaire à la petite Françoise qui commence son dressage, et le balade, à moins que ce ne soit le contraire, toute la journée, en le menant par le licol. Elle ne lui arrive pas aux naseaux. Si bien que pour l'enfourcher, lui deux cent cinquante kilos, elle dix fois moins, elle profite qu'il arrache quelques brins d'herbe – et a donc baissé la tête – pour s'installer entre ses oreilles, et se laisse glisser sur l'encolure quand il relève la tête pour tenter de chasser cette bestiole d'un autre genre. Comme sur un toboggan, mais à l'envers. Il faut ensuite qu'elle se retourne et se cramponne. Débute alors l'improbable chevauchée quand Poulou décide de trotter vers un champ de trèfle ou un filet d'eau.

Françoise, c'est l'enfant sauvage, persuadée que ses « petits cris de paon » peuvent motiver ce magnifique vieillard sauvé du merlin. Bref, ils passent des journées ensemble, dans une ambiance digne des *Flicka* qu'elle n'a pas encore lus. C'est Poulou qui décide de rentrer au bercail quand il a envie d'un fourrage plus consistant. Elle dit être « au comble de l'enfance, du bonheur, de l'exultation ». J'ai envie de dire « exaltation », un sentiment qui lui ressemble plus souvent qu'on ne croit. Ces promenades ne sont pas une passade d'enfant « transportée », mais une délectation qui marquera sa vie. Elle galope partout, dans les forêts autour de Paris, Chantilly (bien avant de découvrir le casino d'Enghien), sur le sable doré de Djerba, les caillasses de Camargue, les mimosas de Mandelieu et, surtout, les causses brûlés du Lot, chez elle. Françoise passe des journées entières, « le cœur soulevé de plaisir et de peur », et ceux qui l'ont connue dans les temples de la nuit parisiens ne savent pas qu'elle rentrait à la tombée de la nuit, ivre de bonheur, et seulement de bonheur.

Le crack à la jambe fragile, Hasty Flag, constitue une autre séquence complète. Pendant vingt ans, Françoise avait résisté à l'envie de tenter sa chance sur d'autres tapis verts, ceux des champs de courses. Alors même qu'elle vivait à douze kilomètres de Deauville. Au printemps

1979, les « chèques en fleurs » – avec leur plein de zéros qui formaient comme des marguerites – expédiés par son éditeur étaient si appétissants qu'elle a décidé de franchir l'obstacle du prix. Cher à l'achat, encore plus cher à nourrir et dresser – c'est de famille –, le cheval, surtout de course, réclame son picotin. Les libraires y pourvoiront. Mais aussi le théâtre et un producteur qui se manifestent en chœur. Les droits d'auteur paieront l'avoine. Mais le temps de se décider, le film ne se fait pas et la pièce est un four, Hasty Flag a déjà conquis Françoise qui lui sera d'une fidélité exemplaire. Elle avait déjà pris des parts sur une monture, avec des amis, mais ce bel étalon sera à elle, rien qu'à elle. Il aime les terrains mous, la pluie drue, il a été élevé dans le Calvados d'un père autochtone, avaler les obstacles est forcément sa raison d'être.

Françoise choisit ses couleurs : casaque bleue, épaulettes noires, toque noire qui vont très bien à cette « immense bête, belle, noire, aux manières urbaines, un peu distraites, d'une grande douceur et d'une grande nonchalance ». Vertus loin d'être idéales pour le compte en banque d'une romancière qui privilégiait le sentiment au pactole. « Fais attention à toi, lui dit-elle, mieux vaut revenir entier et dernier que blessé. » La blessure, c'est la mort pour un cheval.

À sa première prestation, Hasty Flag s'effondre dès la première haie, juste devant la loge de sa propriétaire. Mais à la Grande Course de Haies de Printemps à Auteuil, 4 500 mètres, Hasty, survolté, passe devant Françoise et se joue de cette haie qui lui avait été fatale, pour nettement triompher. Son allure décide même l'écrivain américain William Styron, qui accompagne Françoise, à s'offrir à son tour un pur-sang. Hasty Flag confirmera encore lors de quelques courses, puis des « ennuis » à la jambe antérieure gauche le forceront à des vacances prolongées dans un haras. « Diplômé étalon, il y coule des jours heureux, galope dans l'herbe verte et couvre de belles juments. De temps en temps, je rêve de lui. »

Quand j'ai connu Françoise, son cheval de compagnie Nebo, trotteur acheté en association avec moi et un chauffeur de taxi, et le poulain entraient dans la salle à manger pour crotter. Les poules, elles salopaient la piscine et caguaient partout. Les vaches étaient priées d'aller brouter au fond de la propriété, mais elles adoraient revenir…

Marguerite Duras

Un caillou dans la chaussure. Françoise trouvait que Nathalie Sarraute était simplement enquiquinante mais elle était jalouse, je ne trouve pas d'autre mot, de la considération (excessive), voire du culte, qui entourait Duras. Marguerite venait souvent à Trouville-sur-Mer où elle avait un appartement, mais pas pour les mêmes raisons que Françoise.

Nebo a eu plusieurs compagnons de jeu – comme celui-ci qui renifle le déjeuner de Françoise. Ils ont droit d'entrée libre.

C'était là leur seul point commun, affinité géographique. Françoise la trouvait affreusement moche et n'évoquait ses livres que contrainte et forcée. En quinze ans, je ne l'ai entendue que trois fois parler des ouvrages de sa consœur. Exception faite de *La Douleur* et de « certains de ses livres, disait-elle sans insister, mais pas tous. » Pourtant, elle la considérait comme une grande romancière. Je me souviens d'une scène typique au Plazza, qui était un peu notre cantine, au cours d'un déjeuner avec un François-Marie Banier particulièrement en verve – il amusait toujours Françoise. Quand soudain elle entend à une table derrière nous : « Regarde, y a Duras ! » L'avant-veille, heureusement, elle n'avait pas entendu les commentaires à son sujet de convives qui dînaient à une table voisine devant la caisse chez Lipp : « Regarde, on dirait Édith Piaf en fin de carrière. » Je n'ai jamais osé lui rapporter ces propos.

Ce qui faisait davantage rire Françoise, c'était les vacheries que Pierre Desproges écrivait (après les avoir dites sur scène) : « Marguerite Duras, l'apologiste sénile des infanticides ruraux… » Évidemment ! Au cours de l'affaire du petit Grégory, retrouvé mort dans la Vologne, qui avait mobilisé la presse et secoué l'opinion, Duras avait défendu Christine Villemin, mère de la petite victime, un temps accusée. « Sublime, forcément sublime », avait ironisé Françoise. Desproges, de son côté, ne lâche jamais sa victime : « Duras n'a pas dit que des conneries. Elle en a aussi filmées. » Lors de la publication de la tribune (libre) de Duras, le 17 juillet 1985, Françoise, tout comme Benoîte Groult, Régine Deforges ou Simone Signoret, avait été indignée, scandalisée, irritée par les propos de cette « papesse gâteuse ». Angelo Rinaldi, critique de *L'Express* et écrivain, qui a toujours placé Duras, *« vieux corbeau littéraire »*, au centre de son viseur, avait écrit : « Le drame est assez compliqué et douloureux comme cela. Il n'était pas nécessaire que s'y ajoutât pour l'obscurcir davantage encore, la suffisance pâmée d'une femme de lettres qui donne à lire les ouvrages de la collection

Arlequin au *Penseur* de Rodin. L'horreur d'une telle histoire se sera encore augmentée des rires que madame Duras a suscités. » Françoise avait évidemment retenu « la suffisance pâmée » de sa (fausse) voisine de Trouville-sur-Mer qui adorait dire du mal du « père Sartre qui faisait la loi et imposait sa morale ». Je dis « fausse voisine » parce qu'elles ne fréquentaient guère les mêmes lieux et n'avaient pas les mêmes horaires. Des deux, Duras était arrivée en premier dans la région : elle s'était installée dans un appartement de l'ancien hôtel Les Roches Noires dès 1963. Dix ans avant Françoise.

Un autre épisode durassien a beaucoup amusé Françoise et ses amis, dont moi qui venais d'entrer dans sa vie. Un journaliste du *Figaro*, Étienne de Montety, avait monté un canular digne de Romain Rolland avec une bande d'amis après un dîner. Montety, qui la juge l'auteure la plus surfaite du moment, recopie *L'Après-midi de monsieur Andesmas* qu'il rebaptise *Margot et l'important.* Les héros changent de nom mais le texte est rigoureusement identique à la version originale. Montety envoie le manuscrit à trois des éditeurs de Duras, dont Gallimard. Les trois

Vue générale de l'ancien hôtel des Roches Noires, jadis haut lieu de Trouville-sur-Mer, vendu en appartements : Marguerite Duras en achètera un. Françoise et elle ne s'évitent pas, mais ne se croisent jamais.

refusent en chœur le chef-d'œuvre avec la même lettre passe-partout : l'ouvrage n'entre « malheureusement pas » dans le cadre de nos collections, etc. Montety publie le courrier dans *Le Figaro littéraire* sous le titre « Marguerite Duras refusée par ses propres éditeurs ».

Un autre fossé sépare les deux écrivaines, la gastronomie ; ce n'est pas anecdotique, mais révélateur. Françoise n'entrait dans une cuisine que par erreur. Alors que Duras a signé un livre, paru en 2018 grâce à son fils Jean Mascolo et sobrement intitulé *La Cuisine de Marguerite*, qui donne de vraies recettes, nées d'une pratique quotidienne « qu'elle n'hésitait pas à tenir pour aussi créatrice que l'écriture ». Mascolo témoigne : « Elle cuisinait pour ses amis, c'était sa façon à elle de leur dire qu'elle les aimait… » Parfois, dans mes rêves les plus fous, j'avais imaginé un dîner en tête-à-tête avec ces deux auteures essentielles, pour mieux comprendre notre temps ! Mais elles n'avaient (sans doute) rien à se dire. Marguerite Duras – née Donnadieu, 1914-1996 – n'était pas un sujet de conversation. Sauf si le très sarcastique Bernard Frank ouvrait la boîte de Pandore des souvenirs.

Phobies

Françoise déteste visiter les musées ou les maisons d'écrivain, y compris celle de son cher Proust à Combray ou de Colette à Saint-Sauveur-en-Puisaye. Pour ses admirateurs, ce sera plus compliqué puisqu'elle a eu dix-sept domiciles à Paris, sans compter Équemauville. C'est dans sa logique, elle répugne à tout ce qui est de l'ordre domestique. Elle disait : « Si on range, on ne trouve plus rien » et elle laissait toutes ses fringues par terre, comme le petit Poucet ses cailloux (ma sœur étant comme elle, ça ne me changeait pas, ça me rajeunissait). Cela m'a longtemps choquée parce que j'adore ranger. On se complétait parfaitement ! Dans mes trésors, j'ai encore quarante-trois « chiffons » qu'elle a portés, soigneusement rangés bien sûr. Quelques-uns sont

La maison natale de Cajarc, la « deuche » emblématique est d'époque. Chaque année, pour ses vacances, Françoise louait, presque en face, l'ancienne mercerie À la confiance. *Elle pouvait y passer un mois, trois fois l'an. Plus qu'un attachement sentimental, un aveu. La fenêtre centrale du premier étage ouvre sur la chambre qui a vu naître Françoise.*

Françoise photographiée par son père qui a laissé des albums entiers de sa fille chérie, avec la légende « Kiki », la petite dernière. L'été 1937, elle réussit ses premiers pas, le pied gauche encore « de traviole ». Je note son regard profond, qui n'est pas de son âge.

affublés de gribouillis « pour mémoire » strictement illisibles, il faudrait un Champollion pour déchiffrer ses hiéroglyphes qui tiennent plus du cunéiforme. Certains « copains foutraques », disait-elle, ont piqué plusieurs de ses autographes. En marge, on trouve des mots-clés légèrement surannés, comme fichtre, épatant (le mot culte de Peyrefitte !), paletot au lieu de gilet. Elle écrivait sur tous les supports, n'importe quand. Et quand elle n'écrivait pas, elle dessinait. Son vrai bureau, c'était son lit. Un espace fini, sinon clos.

Suzanne, sa sœur !

Née Quoirez, épouse Deforrey, un des rois de l'épicerie en (très) gros, dont la fille cadette, qui n'était pas dupe, inscrivait à « parents » sur les fiches d'école : épiciers ! Avec Suzanne, au début, nos rapports étaient compliqués puisque avec elle, rien n'était simple. Elle me considérait comme une intruse jusqu'à ce que la mort de Françoise nous rapproche – ce qui n'était pas difficile tant nous étions éloignées. Elle avait les plus beaux yeux du monde, Elizabeth Taylor et Ava Gardner peuvent aller se maquiller ! Avec ses yeux bleu pervenche, tout simplement sublimes – selon moi –, qui lui valaient des éloges sincères, et ses quinze centimètres en plus, cette sœur, de dix ans son aînée, faisait de l'ombre à Françoise. D'autant qu'elle n'avait pas envie de faire oublier qu'elle avait été mannequin. Elle avait un timbre de voix et une diction digne de Marie-Antoinette. Comme d'un autre monde que le nôtre. Elle savait se faire servir. Quand elle rentrait à Bruxelles, c'était en taxi, parce que la gare du Nord est trop loin d'Honfleur. Elle vivait à Bruxelles et, avec le temps, j'ai « rabiboché » les deux sœurs. « Tu es en vacances depuis ta naissance », disait Françoise. « Non, je n'arrête pas, avec ce personnel qui fiche toujours le camp ! » J'ai appris à la connaître, et réciproquement. Suzanne a même passé ses deux derniers étés au Breuil, on a beaucoup ri ensemble. Son neveu a été le filleul d'Allain de Lesguern, mon deuxième mari qui vient de partir… Mais comme elle ne supporte pas l'odeur de cigare qu'Allain tétait méticuleusement, nous couchions à l'hôtel. Et j'ai passé des heures exquises sur la place des Sablons à Bruxelles, paradis des antiquaires.

Quand Françoise, qui avait le sens du raccourci, a su que madame Le Breton avait le béguin pour un gendarme d'Honfleur, elle lui a dit « Ma sœur aussi aime les flics… » car elle avait pour compagnon un commissaire de police. Dans le domaine sentimental, je lui ai connu le délicieux Dimitri, qui cumulait les emplois de chauffeur et de sigisbée, je n'ose pas dire souffre-douleur. Cet ancien cadre de

Au Breuil, Suzanne, la sœur aînée de Françoise, retrouve enfin sa cadette après un long silence. Elles se reverront désormais régulièrement en dépit de leurs modes de vie radicalement différents.

l'industrie pharmaceutique, au chômage à cause de son âge, pensait à tout et apportait toujours des cadeaux futés. Adorable. Né dans une famille russe, comme l'indique son prénom, qui ne démarrait sa journée qu'avec trois bouteilles de champagne, il ne pouvait que nous séduire. Quand la santé de Françoise s'est dégradée, je ne voulais pas croire au pire, mais j'ai prévenu Suzanne, nous nous tutoyions enfin : « Françoise m'a dit, tu crois que je vais mourir ? On ne sait pas ce qui nous attend. » Quelques mois plus tôt, Suzanne avait supplié sa sœur : « Arrête tous ces excès ! » Ce que Françoise ne pouvait entendre, car sa vie n'a été qu'excès.

Madame Le Breton

Marie-Thérèse, prénom très répandu dans une région dont la vraie capitale est Lisieux, ville bénie par sainte Thérèse, est un vrai personnage. Essentiel dans le dernier chapitre de la vie de Françoise. Une histoire qu'elle n'a pas voulu clore puisqu'elle garde toujours le Breuil, sous son nouveau propriétaire, gros industriel. Son caractère et sa personnalité auraient inspiré Flaubert et Maupassant, Normands de la rive droite de la Seine, et surtout le Marcel Aymé de *La Jument verte*. Issue d'une famille nombreuse, classique dans la région, elle avait découvert assez tard l'eau courante et l'électricité. Gamine, elle allait tirer l'eau au puits et s'éclairait à la lampe à pétrole. Une vraie Normande du bocage, qui n'a peur de rien, ni de la vie ni de la mort. Gourmande de toutes les gourmandises, sans remords. Élevée à la dure, elle savourait tout ce qui avait du goût. Marie-Dominique Lelièvre, qui a écrit la meilleure biographie de Françoise, *Sagan à toute allure*, la décrit merveilleusement : *« Une femme de chair, tendre et solide, qui a entouré de ses bras la femme de lettres déplumée. Son dernier joker. »* Car elle l'a réchauffée de sa chaleur animale et solaire de fille de la campagne. Une maman de rêve pleine de sollicitude et de respect, qui lui a offert de l'amour à profusion… Et moi, alors ?! me suis-je parfois demandé. C'est vrai que je n'aurais pas pu combler auprès de Françoise les vides que sa mère avait laissés, en ne s'occupant guère de sa petite surdouée arrivée si tardivement.

Enfant, Françoise avait été élevée par Julia Lafon, qui restera cinquante ans au service de la famille Quoirez. Nounou, gouvernante, cuisinière, comme le sera madame Le Breton. Quand Françoise se plaignait d'avoir mal quelque part, c'est-à-dire partout, Marie-Thérèse la rassurait : « C'est au moral que vous avez mal, vous êtes une angoissée. » Très impliquée dans le domaine, elle est à la fois gouvernante pour les affaires intérieures et régisseuse pour la gestion agricole.

Elle suit de près Éric, le fermier qui pelote aussi les ballots de foin qui sont, comme vous le savez, soigneusement emballés pour mieux se conserver dans des protections de plastique aux couleurs fluos. Éric a eu du mal à trouver une enveloppe neutre car Françoise déteste les couleurs voyantes – rouge, jaune, bleu. Françoise, qui se moque royalement des détails de la vie quotidienne, manifestait parfois des élans de passion pour l'esthétisme rural, ce qui amusait Bernard. Marie-Thérèse se chamaillait beaucoup avec son mari, ce qui agaçait Françoise toujours rétive aux scènes de ménage. « Tuez-vous, mais dehors ! » Françoise avait imaginé un bar sur mesure, surnommé Bar des Artistes : chacun y planquait sa bouteille. Pour les non-initiés, il s'agissait du pigeonnier que j'avais transformé en bistrot, que nous nous plaisions à décrire comme le coin secret de Sarah Bernhardt. J'avais découpé en forme de cœur dans l'épaisse porte de chêne un opercule pour guetter les éventuels casse-pieds. Françoise venait en voiture, pour amortir les cent mètres d'une pelouse défoncée mauvaise pour ses articulations, les autres marchaient gaiement. J'arrivais la dernière, après m'être occupée des poissons rouges, toujours premiers servis de la mare ! Aujourd'hui, le Breuil est un cimetière. Tous sont morts, sauf cette « appétissante rousse », inoxydable, et moi. C'est Marie-Thérèse qui a fermé le cercueil de Françoise pendant que je fermais celui de ma mère. Elle lui avait tenu la main jusqu'à son ultime instant. Quand j'ai pris la décision de vendre « notre » maison, j'ai passé le dernier hiver, 2014, seule, sous la neige. « Madame Le Breton », marque déposée par Françoise qui ne l'aurait pour rien au monde appelée Marie-Thérèse, passait Noël dans sa nombreuse famille. Jamais elle ne m'a autant manqué… Pour les mêmes raisons que Françoise, pour l'avoir pratiqué pendant des années, elle aimait Bernard Frank : équilibré, sûr et drôle… Elle le bichonnait avec une délicatesse proche de l'affection. Ainsi, quand « monsieur Frank » s'endormait à table…, elle évitait tout mouvement brusque. Entre nous, elle ne cachait pas son adoration pour lui : elle se voyait. Comme Françoise, toujours enchantée qu'on la fasse rire. Je termine sur ce rire qui lui ressemble.

Charlotte Aillaud

La sœur aînée de Juliette Gréco, qui vivait à Touques, à quelques minutes du Breuil, bénéficiait de la part de Françoise d'un traitement spécial chez les Rothschild, qui pouvait passer pour une sorte de déférence : elles se voussoyaient ostensiblement. Ce qui détonnait dans l'ambiance de notre maison et ne cessait de m'étonner. Françoise s'habillait différemment quand elle attendait Charlotte qui était fâchée avec sa sœur, depuis des années : elle la trouvait maquillée comme une « bonniche espagnole », c'est dire ! Je n'ai jamais vu Juliette dans l'entourage de Françoise, alors qu'elle lui avait écrit de merveilleuses chansons dans les années 1960. Charlotte ne se privait donc pas de prendre toute la place. Jadis, elle avait étonné le Tout-Paris quand on l'avait surprise en train d'embrasser sur la bouche, avec un enthousiasme juvénile, le fameux baron de Redé, un des piliers de la jet-set, chez Gérald Nanty au Mathi's – un lieu où nous allions souvent avec Françoise. La reine Charlotte arrivait toujours avec six valises pour ne passer qu'une nuit au Breuil. Elle adorait que ce fût le château de Sarah Bernhardt avant Lucien Guitry, des gens du meilleur monde ! Implicitement : dignes d'elle ! Donc indignes de l'aventure que j'ai du mal à oublier et que je vous livre telle quelle. Elle avait réclamé, en urgence, à madame Le Breton, notre ange à tout faire, qu'on lui prépare pour la soirée un superbe chemisier en organdi. Madame Le Breton étant débordée, comme toujours, je me propose de lui donner un coup de fer, comme on dit dans les bonnes lingeries. Ce fut un coup de grâce : je l'ai brûlé en le repassant. En effet, j'avais oublié avoir planqué de la vodka dans le réservoir d'eau du fer, ce qui rendait l'ensemble hautement inflammable. Elle avait dix chemisiers dans ses bagages… Françoise, si éloignée de ces contingences domestiques, avait fait semblant d'être désolée. J'avais mis le feu au trésor de madame veuve Aillaud, née Gréco. Ce petit malentendu n'a pas empêché la reine Charlotte d'être l'invitée d'honneur de fêtes données par Françoise, distinction qu'elle appréciait. Que ce soit après la première de *Château en Suède*, célébrée chez Régine avec Jean-Paul Scarpitta, Jean-Paul Enthoven, Philippe Sollers, Pierre Bergé, etc. Ou pour les soixante ans de Françoise, qui avait du mal à se remettre de la mort de sa très chère Peggy. Tout en redoutant le passage du temps, Françoise s'évertuait toujours à l'accélérer. La nuit était faite pour ça, détruire les repères. Françoise avait reçu chez Lipp ses (très) proches, les Rothschild, l'indestructible Massimo Gargia (que j'aime parce qu'il m'a présenté Françoise). J'étais arrivée un peu en retard à cause d'une erreur d'ordonnance de mon médecin. Charlotte n'avait pas apprécié. Mais la nuit ne faisait que commencer et Françoise, elle, m'a pardonné…

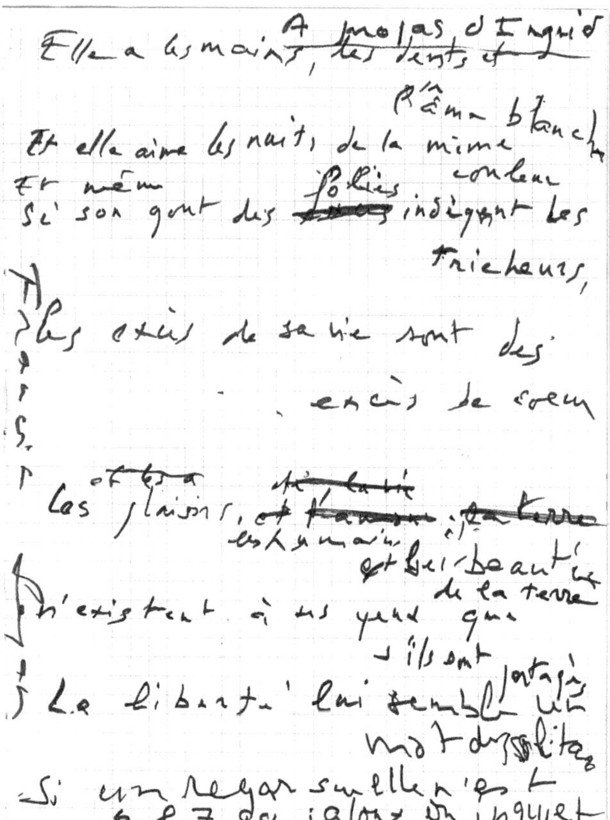
A propos d'Ingrid
Elle a les mains ~~les dents et~~ pâme blanche
Et elle aime les nuits, de la même couleur
Et même si son goût des folies indignent les tricheurs,
Les excès de sa vie sont des excès de cœur
Les plaisirs, ~~et~~ les humains et la beauté de la terre
N'existent à ses yeux que s'ils sont partagés
La liberté lui ~~semble~~ un mot de solitaire
Si un regard sur elle n'est jaloux ou inquiet
le 8.7.94

Un petit mot de Françoise : « À propos d'Ingrid, les excès de sa vie sont les excès de son cœur. » Vous pouvez déchiffrer la suite ! Écrit le 8 juillet 1994.

Françoise retrouve son Fouillis, scottish terrier de race, avec émotion, après un « atroce » voyage dans des soutes d'avion, de Paris à Acapulco. Elle avait pourtant tenté de le prendre dans ses bras, prétendant que c'était un chihuahua, donc d'origine mexicaine.

Escapades à Acapulco

Cher Félix

Mon délicieux mari parlait très peu, mais, ainsi que celle de Jean Chrysostome, sa parole était d'or. « Ingrid parle pour nous deux », disait-il en souriant à ceux qui s'étonnaient de ses silences. En réalité, il « gambergeait » sans cesse à de nouvelles opérations financières ou industrielles, même quand il jouait aux cartes. Mais il agissait beaucoup, avec un flair infaillible pour les affaires justifiant ainsi son patronyme venu des profondeurs de l'Andalousie : Méchoulam, nom séfarade qui signifie : « celui qui vend bien ». Quand les affreux souverains espagnols, Isabelle et Ferdinand, ont persécuté le peuple juif qui faisait la richesse de l'Espagne depuis plus de quinze siècles, les juifs andalous sont partis pour Amsterdam, Barcelone, Francfort, Gênes, Amalfi et jusqu'à Constantinople, devenu Istanbul depuis 1930. Le crime du couple royal du XVe siècle n'empêchera pas Félix d'être fastueux avec la future reine d'Espagne, Sophie de Grèce. En effet, il prêtera à la reine Frederika, femme du roi Paul, avec qui il entretenait d'excellents rapports de confiance, de quoi acheter la bague de fiançailles de sa fille Sophie, et prêtera sa maison au fiancé, Juan Carlos.

Quand on l'évoque, le mot dynamique est trop faible, ou alors il faut l'employer à la puissance treize, comme disait mon père. Félix fait des débuts éclatants à la fin de la Première Guerre mondiale. Britanniques et Français, on s'en souvient plus ou moins bien, avaient débarqué à Gallipoli en 1915 pour vaincre l'armée turque alliée de l'Allemagne, puis l'armée bulgare, autre alliée de Guillaume II. Vaste projet qui fera 200 000 morts, blessés, malades quasi incurables. Surgit Félix dans ce paysage de cauchemar. Il a treize ans et se retrouve déjà promu chef de patrouille d'une troupe de scouts dont la devise est bien connue :

« Le scout sourit et chante dans la difficulté. » Telle une glaneuse ramassant les épis oubliés, il récolte les fusils, les premières mitrailleuses, et revend cette ferraille aux brocanteurs et marchands du bazar. En nettoyant les plages ainsi pendant un an, il a pu s'offrir une « calèche » comme il disait jusqu'au lycée (alors que ses frères partaient à pied), mais il n'avait que quatorze ans.

À vingt-huit ans, après ses études supérieures à HEC à Paris, il fait de la firme Clovis le numéro un européen de l'ampoule de phares d'automobiles et matériel de guerre. Ma génération se souvient de la publicité, des plaques émaillées dans toute la France sur les pignons de maison : « Grâce aux ampoules Clovis, vous aurez des yeux de chat la nuit ! » Félix a fini par condamner à la poubelle ces ampoules ancien modèle, car le moindre cahot en cassait le filament. Clovis « l'ampoule sans vice » était livrée dans des emballages capitonnés, faciles à stocker dans la boîte à gants. Cette ampoule invulnérable a éclairé sa trajectoire.

La fièvre monte à Acapulco ! Le guacamole est déjà servi, nous attendons la tequila, Félix, ma mère Léa et Françoise en mini jupe éclatante de couleurs – c'est exceptionnel. Le trio infernal arbore le chapeau du golf au blason de notre ami écrivain, poète et hôte, le marquis Guy d'Arcangues.

Anticipant l'invasion de la France par l'Allemagne nazie et les lois antijuives, Félix repart à zéro au Mexique où il invente une nouvelle technique pour transformer les feuilles si coupantes des agaves en brosses puis en matelas douillets ! Il installa ses premiers ateliers sous des tentes réformées par l'armée, dans la banlieue de Mexico. Les Mexicains ont enfin pu dormir confortablement. Naturellement, il a exporté sa technique dans le monde entier ! La suite est une saga en plusieurs tomes. Génie des affaires, il avait aussi une mémoire encyclopédique. Il faisait avec Charlotte Aillaud des duels épiques en récitant les fables de la Fontaine apprises par cœur chez les jésuites d'Istanbul, et jamais oubliées. *Le Savetier et le Financier* le faisait toujours rire. Sa vie a été plus belle que la fable : le savetier est devenu le plus heureux des financiers. Félix n'a connu qu'un seul échec technique : il n'a jamais pu apprendre à compter à Françoise quand ils jouaient aux cartes ! Et Françoise l'accusait de tricher !

Docteur « Aspirine »

C'est mon cher Félix qui raconte l'histoire à Françoise, un soir à Acapulco. À table, nous parlons de céphalées et des moyens d'en atténuer la douleur, sujet de conversation très répandu chez les Français de souche. Et chez les autres ! Ce praticien, très renommé alors, portait un nom typiquement mexicain à trois volets, imprononçable pour un Français normal. On lui donnait donc ce surnom de médicament à tout (bien) faire. Félix, le plus intègre des hommes, était incapable de bidonner une histoire pour faire joli, et l'anecdote est rapportée sans enjolivements.

L'épisode date du début des années 1940 alors que Félix commençait à installer ses premiers ateliers à Mexico… Un patient, si j'ose dire, vient consulter ce médecin qui dîne dans un saloon dans la pampa et se plaint de ce que ses médocs ne servent à rien. Le ton monte. Le toubib, las, sort son colt et lui tire une balle dans la tête. « Tu ne souffriras plus. » Amen…

Henry Kissinger

La scène est digne d'Hollywood, tendance Marx Brothers, pas *Autant en emporte le vent*. Nous sommes invités chez les Portanova, titre récent puisque madame a débuté comme vendeuse dans un grand magazin de luxe et son mari dessinait des bijoux. Ils ont si bien vendu qu'ils jouissent d'une très grosse fortune assortie d'un titre à particule élémentaire achetée au Vatican, dont Françoise se moque. Aussi les surnomme-t-elle « de la porte neuve ». Ricky de Portanova, ancien pauvre pour ne pas dire nouveau riche, était du genre à faire voler un hélicoptère sous l'immense arcade reliant les deux parties de son palais surplombant la baie d'Acapulco. Très doué aussi pour chasser les mouches à coups de tapette sans quitter sa place, et encadrer, ensuite, soigneusement, les cadavres dans des tableaux de chasse, à mouches. Il était aussi capable de disposer les plats sur les wagons d'un train électrique miniature circulant sur une table de cent mètres. Un simple coup de manette sur une console de jeu, et votre bouchée de caviar s'arrêtait devant vous. Sur le même mode, des wagons-citernes transportaient des dizaines de verres de vodka. « On ne s'ennuie pas ici », avait sobrement commenté Françoise. Un soir, un dîner à la bonne franquette est donné en l'honneur de celui qui fut un jour l'homme le plus puissant d'Amérique, le prix Nobel de la paix Henry Kissinger. Repas très chic suivi d'une conférence donnée par le grand homme. L'illustre romancière française est aussi à l'honneur, je ne suis donc pas assise près d'elle. Il y a douze tables de vingt-deux couverts. Deux caméras de télévision enregistrent ce moment historique mais, en regardant sur l'écran de contrôle, je m'aperçois que la place de Françoise est vide. Elle a disparu comme une belette dans un fourré. Françoise m'ayant expliqué un jour la différence entre mensonge et imagination, je sors l'excuse la plus plate : « Elle est partie se repoudrer. » Ce qui n'était pas totalement faux… Exit Françoise pour le reste de la soirée, mais le vaudeville continue le lendemain quand apparaît le prix Nobel, convié à une partie de padel. Associée à une de mes voisines, je dois jouer contre l'équipe que Kissinger forme avec sa présumée secrétaire. Son apparition en sandales et longues chaussettes déclenche une crise de fou rire. J'ai rarement vu Françoise aussi déchaînée, car elle s'ennuyait assez vite de ces mondanités tropicales. Merci, Henry ! Le futur Nobel a ôté les chaussettes non réglementaires, ce qui n'a pas suffi à lui faire gagner la partie. J'ai cru que Françoise allait me demander de faire une photo !

Les dents de la mer

Françoise a croisé ces joyeux lurons sans les voir. Le baron de Portanova, anciennement de La Courneuve, toujours équipé de cigares griffés à son nom. Avec le colonel américain (à la retraite) Brandstetter, dont la villa, La Tranquilidad, était décorée des moulages des pieds et des mains de tous les astronautes de la NASA.

Dans ce quartier réservé que nous partagions avec les Murray, les Portanova et autres « heureux du monde » pendant les deux mois brûlants d'hiver, où se retrouvaient les piliers du Who's who, s'est faufilé un hôte tout à fait extraordinaire. Un requin, sans doute un « peau bleue », d'après les recherches de Félix qui avait beaucoup hésité en étudiant le livre culte de John D. Stevens. Les requins bleus sont les plus communs entre le sud de la Californie et Acapulco.

Ce requin qui nage dans une piscine sur trois niveaux fait immanquablement penser à l'empereur Tibère, « tiburon » voulant dire requin en mexicain qui patouillait dans sa piscine de Capri avec de très jeunes garçons pour des pratiques que la morale réprouve, bien entendu, et dont témoigne Salluste… qui n'y était pas ! L'empereur jouait les requins amateurs de chair fraîche, dans ce qui est aujourd'hui la villa Fersen à Capri, notre propriété non habitée mais visitée par les touristes. Villa qui avait ceci de particulier que les colonnettes de la rampe d'accès représentaient de fiers phallus. Sandra et son mari avaient reconstitué ce décor de péplum classé X au bord du Pacifique… C'est ainsi que ce *Prionace glauca*, d'après Félix, devenu spécialiste des dents de la mer, à ne pas confondre avec le pèlerin ou le mako, pris par hasard dans le filet d'un de leurs cuisiniers, aussi pêcheurs, est devenu Tiberio pour les intimes. Une attraction tout à fait inattendue et qui nous offrait de douces émotions. Notre richissime voisin, Tony Murray (Tony Murène, disait Françoise, fascinée par ce prédateur coureur de femmes, qui va aujourd'hui sur ses quatre-vingt-dix-huit ans), était aux petits soins pour ce visiteur malgré lui.

De Houston, Texas, Ricky faisait venir par son learjet des palanquées de T-bone steaks garantis pur cow-boy spécialement pour le requin. Tiberio était gavé. Sous les applaudissements de ses fans, il nageotait dans cette eau salée en attendant l'heure de la barbaque, ponctuellement apportée sur un plateau par son serveur en grande tenue. L'empereur Tiberio est servi !

Tout a changé le soir où Frank Sinatra est venu souper chez les Portanova. Sandra lui avait demandé de chanter « Strangers in the Night », *of course*. Frankie était toujours une attraction majeure et il n'a jamais supporté la concurrence. Ava Gardner peut en témoigner, disait Sandra ! C'était lui ou Tiberio ! On peut aussi bien croire au cri du cœur d'un amoureux des bêtes, l'émule de Bardot à Hollywood, qu'à une jalousie primale. Entre fauves… L'un de nous est de trop ! « S'il reste prisonnier, je ne chanterai pas », claque la célèbre voix de velours. Sandra organise alors l'exfiltration du prisonnier. On lui bricole une forte civière et quatre serviteurs embarquent Tiberio entouré de flambeaux. Direction la plage et les fameux rochers d'Acapulco. Sinatra, apaisé, chante sa célèbre chanson en imaginant que Tiberio cingle vers le grand large.

Le plus étrange dans cette nuit tropicale, c'est que Tiberio revient, fort de sa mémoire visuelle, au petit matin ! Des pêcheurs nous ont raconté qu'ils l'avaient repéré à trois miles au large, ils n'osent pas dire en faisant des ronds dans l'eau. Pendant quatre jours, Tiberio a croisé sous nos yeux, attendant la chair fraîche texane dont il avait pris l'habitude. Le fauve était devenu un drogué du T-bone steak. Sinatra, prévoyant, avait interdit tout ravitaillement. Tiberio a fini sans nul doute par comprendre le message. La dernière fois qu'il a été aperçu, c'était à vingt miles de là. Fini la *dolce vita*.

Commentaire de Françoise, plus intriguée qu'étonnée : « Vous ne savez plus quoi inventer ! » Vous, ce n'était pas Félix et moi, mais tous les acteurs d'un mode de vie qu'elle n'avait jamais osé imaginer. Le lendemain, je lui ai fait cette soupe de tortue de mer qu'elle adorait : « Félix m'a dit que les requins mangeaient (aussi) des tortues… dit-elle. Il ne manque qu'Hemingway dans votre histoire. » Mais il avait déjà signé *Le Vieil Homme et la Mer*, et n'est jamais venu chez nous…

Notre vie à Acapulco est un feuilleton, comme on l'a vu, et je ne retiendrai que le mot de Françoise alors qu'elle découvrait un scorpion dans son assiette. Un poison vivant nommé Anacron, sans doute tombé d'un araucaria, rugueuse spécialité du pays. Son voisin de table se précipite, fourchette à la main, pour embrocher le tueur. Françoise, très calme, suspend son geste et lui dit : « Laissez-le, il faut

Coucher de soleil sur Acapulco, photo prise par la maîtresse de maison qui ne s'en est jamais lassée. Le soir, je lançais les paris sur l'heure à laquelle le soleil se coucherait vraiment. Pour patienter, un verre à la main, le chronomètre dans l'autre. Sachant qu'on ne soupait jamais avant 23 heures. Françoise retournait dans sa chambre pour écrire les derniers chapitres de son avant dernier livre, Un chagrin de passage.

vivre dangereusement. » Un geste digne de l'antique, on voit très bien Cicéron dans le rôle. Le tueur a tout simplement été expédié chez lui, dans un fourré. « Vivre dangereusement », c'était certainement sa devise. Même dans des situations aussi bassement quotidiennes, elle trouvait le moyen de créer l'événement. Les mots « banal » et « quotidien » lui étaient strictement étrangers, et nous étaient interdits.

La photo de la grève à Granville, devant notre résidence. Cliché pris par Françoise, de sa fenêtre, après le drame. Hommage à Tristan Corbière qui a chanté : « Bénite est l'infertile plage où, comme la mer, tout est nu. » Je le lisais quand j'accompagnais mon père qui pêchait à Tréguier !

Granville

SOS médecin

Séquence simple convalescence, nous ne sommes pas à l'hôpital, mais au bon air de la Manche.

Le séjour médical de Françoise dans ce fameux centre de rééducation des grands blessés était programmé sur deux mois, ce qui fait soixante interminables nuits sans vrai moyen de rendre le temps moins pesant. Nous menions une vie de pensionnaires attardées dans un centre médical de très haute qualité. Si bien qu'un jour j'ai eu la folle idée de nous évader sur la plage. La marée était basse, la grève infinie avec vue sur le mont Saint-Michel si on se tordait un peu le cou. Pour une fois, c'était moi qui tenais le volant, autrement dit les deux poignées d'un fauteuil supposé roulant. Mais roulant de moins en moins dans le sable lisse, pour nos yeux inexpérimentés, mais spongieux sous ces roues de vélo à peine améliorées. Les roues tracent une ligne creuse sur le sable humide, Françoise applaudit. Puis le sable se détrempe, la trace devient ornière ! Le fauteuil s'enfonce. Tout se passe comme dans *La Fée des grèves* de Paul Féval, que j'avais lu quand j'avais douze ans. Le sable nous aspire, le fauteuil est immobilisé. Françoise me disait toujours « en avant ! » comme si nous disposions d'un moteur de Jaguar et d'un train de pneus tout-terrain. Les images du vieux film *Debout les crabes, la mer monte* auraient dû nous revenir en mémoire pour nous alerter. Brusquement, le fauteuil s'ensablait dans ce sol spongieux, dont on ne sort jamais. Inexorablement aspiré ! Françoise gardait son calme comme toujours face au danger : le niveau de la mer s'élevait, le fauteuil s'enfonçait. « Dialectique fatale », dira Françoise plus tard.

La mer paraît toujours très loin quand on la regarde d'une terrasse. Mais Françoise avait oublié l'expression qui la décrivait remontant « à la vitesse d'un cheval au galop ». D'autant plus appropriée que la Manche est aussi la patrie des chevaux de course. L'eau remonte. Je n'ai plus la force d'arracher Françoise à la terre. Heureusement, deux infirmiers ont tout compris. Ils accourent, arrachent Françoise et son fauteuil à bout de bras et la ramènent au port. Moi, j'avance à quatre pattes, c'est moins difficile. Ses sauveteurs ont refusé la récompense que Françoise voulait leur remettre le lendemain : pourtant fastueuse – et méritée. Dans le genre « nous n'avons fait que notre métier », sans le dire. Françoise pouvait être extravagante dans ses pourboires ou « avare » par indifférence. Le juste milieu ne la concernait pas.

Il faut aussi rappeler que « marée basse » signifie aussi être à sec, autour d'une table de jeu. D'ailleurs, une heure plus tard, Françoise reprenait le chemin du casino. Une autre forme de danger qu'elle maîtrisait mieux. Et notre miraculée, sereine, est retournée à ses nouvelles marottes, la création de gadgets, une table ronde tournante, un cintre fluorescent « pour mec bourré ». À l'en croire, elle savait où trouver des clients… Jean-Paul Scarpitta avait par ailleurs apporté pour sa chambre quelques tableaux afin d'en améliorer la décoration façon poupée de porcelaine que Françoise détestait : elle la gênait pour jouer aux cartes. Elle a joué chaque jour de sa vie, jusqu'à la fin. Bernard Frank et Florence Malraux sont venus deux jours, Marc Francelet a survolé la situation en hélicoptère, mais c'était le lendemain. Il aurait fait la une des journaux s'il avait lancé à Françoise une échelle de corde, comme dans *Ushuaïa*.

À Granville, les nonnes l'avaient prise en affection et l'appelaient « mon petit trognon », formule locale pour « mon petit bouchon », autre allusion aux délicieuses eaux-de-vie du pays. Elles voulaient ignorer ce qui circulait dans le monte-charge.

Comme à Granville, on retrouvera l'ami Scarpitta, fidèle entre les fidèles, dans un autre épisode de santé publique. La scène se joue plus près de Paris, à Bazincourt-sur-Epte. Françoise disait Baisencour-sur-Inepte. Pour accompagner cette remise en forme de Françoise, j'ai passé un mois sur un lit de camp, dans sa chambre. Chargée évidemment du *room service* dans un établissement qui ne proposait que des distributeurs de boissons soft. C'était l'automne et la nuit tombait vite. Elle serait devenue insupportable si je n'avais pas caché quelques jeux de cartes. Le secret a été si mal gardé que le personnel soignant s'est souvent joint à nous.

Les infirmières qui n'avaient pas tout de suite identifié Françoise, enregistrée sous le nom de Quoirez, tapaient le carton dans la bonne humeur. Les mises ne dépassaient pas dix euros, ce qui reposait Françoise des folles nuits de Trouville. Et le personnel de santé quittait le ton professionnel pour encourager Françoise qu'elles appelaient « ma biche » (comme dirait de Funès !) ou « ma caille » jusqu'au jour où elles ont appris que la pensionnaire Quoirez était une certaine Françoise Sagan ! Gênées, elles ont changé de ton, c'était dommage pour les parties de belote, désormais moins spontanées. Un futur prix Nobel de littérature (leur avait glissé un proche) ne pouvait pas être interpellé d'un « ma caille » ou « ma biche ». L'une d'elles m'avait glissé : « Vous devez drôlement l'aimer pour passer un mois sur un lit de camp, dans un coin pareil ! » Félix m'avait tout simplement dit : « C'est très gentil ce que tu fais pour Françoise. » Me laisser faire, c'était son cadeau pour Françoise. Cher Félix… S'il avait su que notre dénuement pouvait être extrême.

Avec Jean-Paul Scarpitta, metteur en scène, le plus désintéressé des amis, une situation de détresse peut dégénérer en fou rire. Heureusement, il venait souvent m'épauler, mais c'est moi qui me retrouvais finalement appuyée sur son épaule.

L'avant-dernier soir de ce séjour idyllique, nous nous sommes retrouvés sur la place du village à l'heure où le charcutier fermait. On a juste eu le temps d'acheter du boudin noir et de s'installer sur le seul banc de la placette. « Comme Raymond Souplex et Jane Sourza dans leur fameux feuilleton *Sur le banc* », s'est exclamé Jean-Paul. Françoise s'est étonnée de nous entendre, les jours suivants, nous appeler Raymond et Jane. Il n'y avait pas de caméra cachée, dommage. Chaque séjour de santé pouvait donner lieu à des situations dignes de la *commedia dell'arte*. Une inflexion, toute naturelle puisque le théâtre était le genre préféré de Françoise. Ainsi, quand elle s'est fait opérer de la cataracte à la clinique du sport. Ce n'est pas une scène, mais une réplique qui me fait encore rire quand je la rapporte. Au moment de partir, l'interne de garde recommande à l'infirmier : « N'oubliez pas la coque pour madame Sagan. » La coque pour protéger l'œil, bien sûr. Trop jeune pour connaître certains de nos rites, il dit ça sans malice. Françoise sourit et me glisse : « Il a bien dit n'oubliez pas la coke ? Enfin un médecin intelligent ! »

Quand Françoise avait été opérée du col du fémur à Tenon, peu après notre rencontre, elle s'est beaucoup ennuyée parce que je sortais beaucoup et qu'il était impossible d'installer un lit de camp dans sa chambre. Elle se sentait à l'isolement. Si bien qu'elle m'avait appelée à une heure du matin. Je rentrais à la maison.

Elle me demande : « Minou, apporte-moi du papier kraft et du scotch, je veux bien dire de l'adhésif ! » Toujours l'art de l'ellipse… La poudre était glissée dans une enveloppe, enfouie dans mon sac. Pas besoin d'explication. Vingt minutes plus tard, j'arrivais avec mon paquet cadeau. Françoise avait longuement gambergé et tout prévu. Le kraft, pour obturer les « jalousies » des portes qui permettent de surveiller le patient en soins intensifs : « "Le scotch pour fixer le kraft", on dirait un exercice d'élocution… », chuchote Françoise qui le dit d'une traite. Les infirmières ne verront rien. Je fais le test depuis le couloir, on ne

Le plan est insolent, mais lui ressemble bien. Pendant son interminable séjour de deux mois dans une maison de repos à Granville où la marée a failli nous submerger, Françoise m'avait demandé de prendre cet instantané présentant les nouveautés thérapeutiques qui lui étaient interdites. Notez la présence discrète de boissons gazeuses.

voit pas la lumière de la chambre. Couvre-feu idéal. La partie de gin rummy commence. Elle dure jusqu'à quatre heures du matin. Mais le lendemain, c'est le jour de visite de Peggy Roche, une femme qui, avant moi, a beaucoup compté dans la vie de Françoise. Je m'efface. Peggy, toujours si minutieuse (et qui ne m'apprécie pas vraiment), remarque le kraft resté en place. Elle s'étonne de cet équipement hospitalier non réglementaire et c'est l'infirmière qui, très gentiment, lui explique cette amélioration locale, provisoire. Massimo détend l'atmosphère en se pointant avec une boîte de chocolats de chez Angelina, si grande qu'elle ne peut pas franchir la porte. Finalement, il l'a offerte au personnel… ce qui ne pouvait pas nuire à nos relations, et donc à nos réunions clandestines. Un énorme bouquet de roses encore plus encombrant que les chocolats a suivi le même chemin. On a pu reprendre nos parties de cartes sans être dénoncées.

Aux heures ouvrables, Françoise faisait des dessins sur ses fameux carnets qui sont aujourd'hui mon trésor. Terminons le feuilleton hôpital avec un dernier sourire. Quand Françoise est allée à Lariboisière, elle souffrait beaucoup et disposait d'une pompe à morphine offerte à l'établissement par madame Chirac. Jean-Paul Scarpitta, toujours vigilant, montait la garde près de cette pompe payée en pièces jaunes. Mais Françoise devançait le rythme et tapait sur le clavier avec sa béquille pour remettre une dose. *Self-service*.

De retour à la maison, elle était tout aussi capable de mener à la baguette la chorale que nous formions certains jours à 18 h 30, accompagnée par un piano mécanique qui jouait tout seul. Elle faisait – avec autorité bien sûr – les commentaires sur notre harmonie, à la manière d'un chef de maîtrise. Nous chantions fenêtre ouverte parce qu'un des voisins adorait, tant pis pour les autres qui se plaignaient du bruit, d'un chœur saganesque. Cela relevait encore et toujours de la *commedia dell'arte*.

Rue de l'Université, Françoise interprète (difficilement mais sereinement) une chanson de Frédéric Botton composée à son intention, dont elle adore les paroles : « Je ne suis qu'un pauvre paillasson, sans relation… tant pis, je m'en fous. »

Les intimes

Bernard Frank

Épisode 2 de mon arrivée au Breuil. Bernard Frank, toujours impeccable même à la campagne, daigne enfin apparaître. Je n'ose pas dire qu'il me salue puisqu'il détourne ostensiblement la tête, mais après des débuts plus que tièdes, nos relations se réchaufferont.

Réflexions faites (oui, au pluriel) et plus le temps passe, plus je pense qu'il a été l'homme de sa vie. C'était un ronchon éblouissant selon les jours et les heures. Mais c'est après la mort de Françoise que je l'ai le mieux analysé, sinon connu. Bernard était une évidence qui m'est devenue indispensable puisque, Françoise disparue, nous sommes devenus amants comme pour nous donner l'illusion qu'elle était toujours avec nous ou, plutôt, que nous étions près d'elle. Un homme dont la conversation était éblouissante (quand il ne ronchonnait pas) mais qui ne voulait pas éblouir. Ses rapports avec Françoise, qui avait failli le tuer dans son premier accident de voiture à Fontainebleau en 1955, étaient complexes. Agrémentés d'une petite pointe de jalousie réciproque. Quand il était en forme, « Bernie » prétendait que c'était lui qui avait écrit *Bonjour tristesse*. Mais allez distinguer le vrai du faux, tant il était doué d'une aptitude singulière pour la pique et la provocation. Françoise et lui étaient inséparables et toujours sur la même ligne (si j'ose dire), même quand les crises ou bouderies les séparaient.

« C'est toujours le plus intelligent qui cède », aime rappeler Françoise qui a toujours raison. Alors, disons qu'ils faisaient assaut d'intelligence. C'est lui qui le dit. « *Mon jugement sur Sagan ne peut être objectif. C'est une amitié bizarre, plus faite de longs blancs, de méfiances silencieuses, que d'embrassades. Comme si nous remettions à une vie meilleure le soin de nous rencontrer plus souvent. Et de nous complimenter » ?* (C'est moi qui pose le point d'interrogation.) Nul mieux que lui n'a analysé sa manière de « *brûler l'argent sans avoir l'air d'y toucher* » qui fascinait et/ou provoquait une sorte de répulsion bien-pensante. Quand il était de bonne humeur, il la trouvait « *aimable, futée et même talentueuse ».* Tout en déplorant qu'elle soit *« plongée dans un bourbier de relations et de manies sur lesquelles elle s'arc-boute. Elle vit et elle écrit sur cette bauge artificielle qui s'appelle café society et qui va des Rothschild à des mannequins en passant par les limonadiers, les copains journalistes…* » La bauge, c'était moi aussi. Le mannequin, c'était Peggy Roche. La limonade, c'était Régine. Un « monde immonde et charmant » qu'il connaissait bien puisqu'il le côtoyait depuis l'âge de dix-huit ans… Mais ce n'était ni un procès et encore moins un verdict, il attendait une autre Sagan : « Les jeux ne sont pas faits. » Et les jeux, il savait de quoi il parlait, en notre nom à tous les trois ! Cet esprit si fin analysait mieux que personne la fonction du jeu (de cartes) : « Le jeu compense tout, remplace tout, détourne de tout. Le jeu est tout, le temps qu'il dure. Il vous nettoie l'esprit durant quelques heures trop brèves des mille filaments de la sentimentalité qui s'y accrochaient. » Un nettoyage qu'il fallait recommencer toutes les nuits – puisque les vrais joueurs sont des animaux nocturnes. Beaucoup plus tard, alors que Françoise n'était plus avec nous, il m'a dit : « On ne joue plus quand il n'y a plus de bonheur à jouer. Et le bonheur ne venait que de se savoir perdu. Le jeu est un rattrapage. » Mais on n'argumente pas avec Bernard, il a toujours un jeu d'avance. Il était toujours aussi lucide avec l'alcool que nous pratiquions ensemble, alors que Françoise avait dû arrêter après son accident : question de vie ou de mort. Mais elle l'avait remplacé avantageusement par d'autres « sensations »... Bernard est d'une franchise absolue : *« C'est une bonne chose que l'alcool, lorsqu'on a vingt ans et que l'on n'est pas idiot.* » Et puisqu'il n'est pas idiot, il a continué bien après la date limite qu'il s'était fixée. *« J'ai bu whisky et vodka, rhum blanc et tequila, grands vins et gros rouges, alcools blancs et vieux calva, champagne et autres limonades – la liste est plus longue que la bouteille à siffler. J'ai bu comme un fou, comme un tonneau sans fond. »* Il parlait sans doute du tonneau des Danaïdes... Avec sa bonne foi habituelle et sur le ton d'un Antoine Blondin, spécialiste reconnu, un des premiers à apprécier Sagan – on trinque entre amis ! –, il prétendait boire aussi par philanthropie les bouteilles qu'il engloutissait, c'était ça de moins pour les autres. Comme s'il liquidait le fond d'un tonneau commun. Il se justifiait tout aussi habilement en disant que s'il trinquait, c'était pour être *« disert, gentil, compréhensif, pour m'intéresser avec un bon sourire aux problèmes des autres ».* Argument imparable *made in* Frank dont il n'attendait surtout pas qu'il soit contesté.

Les dix années après la mort de Françoise ont été l'époque de ma vie la plus dure parce que, d'une certaine façon, je n'ai jamais fait mon deuil. Repliée sur moi-même, j'ai vécu abandonnée comme une marmotte dans ce bocage, le Breuil, à quelques minutes des tapis verts qui nous avaient donné tant d'émotions. Madame Le Breton, qui avait évidemment son « logement de fonction », venait me nourrir : « Vous êtes comme un chat perdu. » Elle ne croyait pas si bien dire car la mercière m'avait offert un très joli chaton pour me réconforter. Mais c'est toujours le chat qui décide des rapports que vous aurez avec lui. Pendant six mois, je suis restée enfermée, passant mes soirées à lire au coin du feu. Je m'étais interdit le casino, encore un point commun avec

Françoise. Quelques parties de cartes, toute seule, comme si toute la famille était là. Les nuits sont encore plus longues que les jours, surtout quand la neige tombe. Et puis Bernard est arrivé. « Votre gros nounours est là », disait madame Le Breton qui avait le sens de la formule et vivait des heures plus agitées qu'il n'y paraissait. « Nounours, c'est selon. Quand il est gentil ! » Une photographe professionnelle, folle de lui, a pourtant fait de lui de superbes portraits. Gardienne d'un mausolée qui n'existe pas. Quand elle m'avait demandé : « Monsieur Bernard vient habiter avec vous ? », elle avait failli dire « habiter avec nous ». Que faire avec un gros nounours sinon se blottir dans ses bras ? Nous avons élu domicile dans la chambre de Françoise. Comme si elle nous l'avait prêtée… temporairement.

Aujourd'hui, je me dis qu'on aurait dû se marier, mais alors que je commence à tomber amoureuse de Frank, un homme jeune entre en scène, Allain de Lesguern, – rencontré un 11 novembre 2004 chez Suzanne qui donnait un cocktail en hommage à sa sœur Françoise à Bruxelles. Était-ce l'ironie du sort ? Françoise qui me l'aurait envoyé de l'au-delà ? –, dont j'apprendrais plus tard qu'il avait approché Françoise de très près. Voici l'histoire. Une nuit, Françoise quitte le casino de Deauville, mais sa voiture refuse de démarrer. Panne sèche, c'est un comble ! Allain, alors âgé de seize ans et doté d'une allure de jeune premier promis à un bel avenir, devance son père et propose de la ramener. Françoise prend allègrement le bras de son chevalier servant et accepte de se laisser conduire. Fait exceptionnel, elle s'installe sur le siège passager de l'Aston Martin Lagonda. Un dialogue bref s'ensuit. « Où va-t-on ? », « Je ne sais pas. » Ils mettront quatre heures à parcourir les douze kilomètres d'une route que tous les deux connaissent par cœur ! Ils ont prétendu avoir tourné en rond. Françoise n'aurait pas reconnu le chemin à cause de la brume. Elle est arrivée à l'aube.

Au début, « Bernie » Frank a été très désagréable avec le juvénile Allain, comme il l'était avec tous les nouveaux arrivants. Quand il voulait agacer Françoise, et il savait faire, trente ans d'expérience !, il me disait, le sourcil froncé : « Ingrid, tu seras "veuve" d'un académicien ». Françoise, qui haïssait tout ce qui est institutionnel, protestait : « Quelle horreur de débattre avec tous ces croûtons moisis, ces vieux schnocks ! » Mais Bernie était persuadé qu'elle n'aurait pas refusé l'habit vert. Encore aurait-il fallu qu'elle pose sa candidature. Mais j'aime imaginer Bernie directeur de campagne, réglant les indispensables visites pour recruter les tout aussi indispensables « parrains ».

C'est en face du Bristol, près de l'Élysée, que Bernie a terminé son parcours. Enfoui dans un studio qui était plutôt une caverne tapissée de livres, au rez-de-chaussée. Nous sommes venus faire l'inventaire avec sa femme, Claudine, qui était surtout venue chercher le seul exemplaire qu'il lui ait jamais dédicacé. Quel merveilleux désordre ! Il avait transformé des dizaines de caisses à vin en bibliothèque. Toute sa vie, il avait rendu hommage à la dive bouteille selon le vœu de Rabelais, autre militant célèbre : « Trink. » Avec Florence Malraux, l'amie d'adolescence de Françoise, nous avons fait des piles de ces caisses et donné l'essentiel à des bibliothèques d'hôpitaux. Et nous avons gardé les livres dédicacés à ses proches et à nous.

J'ai encore ses livres chez moi, dans des cantines. Toute la Pléiade, deux cent cinquante titres, passion qu'il partageait avec Françoise. Dans des caisses comme des petits cercueils. Je n'ai pas eu le courage de venir à l'hommage que lui a rendu Claude Perdriel, éditeur et journaliste qui avait tenu une place importante dans sa vie. « Trop timide », m'aurait dit Françoise qui l'était encore plus que moi. Florence m'a tout raconté de la cérémonie, mais il n'y avait rien de plus à dire. Bernie, c'est une vie impossible à résumer. Je préfère me souvenir des moments intenses ou drôles, ou les deux. Quand nous avions décidé de revivre après la mort de Françoise, nous sommes revenus dîner dans tous les bons restaurants qu'elle aimait, un pèlerinage qui, dans les premiers jours, m'a un peu gênée. Pendant six semaines nous avons fait la tournée des grands-ducs selon Bernie : la Ferme Saint-Siméon d'abord, en voisins, le Golf, l'Excelsior, le Normandy. Au Breuil, il jouait au seigneur du Manoir, et j'aimais ça ! Il est même venu une fois avec ses deux filles et leurs copines. Elles m'ont offert un très joli album photo. Bernie m'a étonnée dans ce rôle que je ne lui connaissais pas, patriarche d'un pensionnat. Lui qui disait : « Quand on ne voit plus de femmes, on devient rugueux. » Tout en précisant : « Je n'aime pas les femmes, ou la femme, mais les situations qu'elles suscitent. »

Après sa mort, j'ai vraiment lu ses livres car, de son vivant, on savourait ses expressions et on ne prenait pas de cours du soir, après le dîner ou autour des tables de jeu. Pour me remémorer ses sentences, ses aphorismes, ses pirouettes, j'ai renoué avec une vieille habitude de mes années de fac, section philo : souligner ! Et commenter dans la marge ! Pour mieux le retrouver. Rien que pour moi. Voici quelques perles d'un collier inestimable que je ne perdrai pas comme beaucoup de mes breloques.

« Avec une femme qui a quinze ans de plus que vous, on n'a pas le remords d'être un si piètre compagnon, de gâcher une vie. C'est comme si, en permanence, on pouvait endosser dans l'existence ses vieux vêtements : les minutes et les heures s'assouplissent… Malgré mon peu de goût pour la jeunesse, j'ai essayé des filles qui avaient, d'après leur carte d'identité, au moins vingt ans de moins que moi : ça n'a servi à rien. Certaines femmes plus âgées avaient du moins cet avantage que je pouvais remonter leur passé, surprendre leurs folies d'antan. Ces femmes durent plus longtemps à mon goût. Elles sont des cartes, des mappemondes que je mets un temps fou à déchiffrer. Leurs corps si doux sont peuplés d'histoires oubliées… Comment sommes-nous donc faits pour être toujours en deçà ou au-delà des sentiments de l'autre ? »

Bernard a passé sa vie à lire les livres des autres. Pour tenir ses rubriques, il a dévoré, craché, sursauté et, plus rarement, été passionné. « En lisant des romans d'aujourd'hui, j'ai eu l'impression de barboter à l'intérieur de l'ennui quotidien. Je me suis gorgé de conférences, de réunions de famille, de thés mortels, de bridge avec des débutants, de conversation avec d'aimables jeunes filles… Mais la jeune fille est un secret inutile sans porte ni fenêtre, que l'on se transmet de génération en génération, pour rien : elle inspire les artistes et fait rêver les vieillards… La faiblesse relative du roman français des trente dernières années vient peut-être de ce que nos écrivains ne s'amusent pas quand ils écrivent. La critique littéraire dans son ensemble ne fait pas son travail, embouteillée qu'elle est dans un réseau de politesses inextricables… J'aimerais que les auteurs puissent se passer de la critique dans son ensemble et même de Pivot ! » Et sa conclusion s'impose : « C'est dans les livres et avec les femmes que j'ai passé le plus clair de mon temps. » (C'est l'exacte vérité.)

Ce ne sont pas des réflexions, des répliques, c'est le fond de sa pensée, une manière d'autoportrait. Pas un tableau de maître, mais une série de croquis en forme d'aveux. Ce qu'il faisait rarement dans la vie quotidienne mais qui a encore plus de sens aujourd'hui, surtout pour ceux et celles qui le connaissent et qui l'aiment – quand même ! « Ma spécialité est d'être épuisant. Je peux être fier. Dans trente ans, si je suis encore en vie, je me répéterai que j'ai été un chaud lapin, que des femmes ont fait des folies pour moi. Et pourtant je n'étais pas beau. Ça ne me donnera que plus de joie. »

« À quarante ans, lorsque l'on ne s'est pas décidé à mourir, ça commence à être grotesque de ne pas être devenu un écrivain convenable. L'ennui, c'est que plus je vieillis, moins je vois de raison à l'être. Je ne peux pas supporter que les choses durent et, si elles durent, j'ai du mal à supporter qu'elles cessent. »

« J'ai toujours pratiqué à mon égard une espèce de snobisme farouche, d'où ce recul définitif devant la psychanalyse, pas assez sélective à mon gré. Quand mes proches sont déprimés, mon premier mouvement est de m'écarter d'eux, non que je craigne la contagion mais parce j'ai l'impression qu'ils me jouent la comédie et que si je reste à leur côté, quand celle-ci sera terminée, ils m'en voudront de m'être prêté à leurs simagrées… Vous pouvez considérer ça comme de l'égoïsme et vous ne serez pas loin de la vérité. » On doit mettre cela en regard avec le mot d'Étiemble qui avait si finement analysé son premier livre, *Un siècle débordé*, que l'éditeur présentait tout simplement comme le grand livre que l'on pouvait attendre : « Un auteur pourri de vanité mais aussi de talent. » Talent, tout le monde le sait, ou le savait. Vanité, c'est tellement plus complexe…

« Quant à moi, auprès de quelques personnes, je touche les dividendes de mes refus, de là ma réelle paresse… Je jouis des prérogatives attachées à mon silence. On me sait davantage gré de mes livres qui n'encombrent pas les librairies que de mon éventuel et décevant talent. “Ah ! S'il avait voulu !... Quel dommage ! Quel gâchis !... L'alcool peut-être… Un amour impossible… Un doute interne”, murmurent, alléchés, les amateurs d'âme. Si j'avais eu le malheur de me vendre à cent mille exemplaires, je ne serais plus qu'un vieux galopin insupportable. » (Il y a du vrai !) C'est bizarre, cette double inconstance : ne pas savoir quitter la scène en beauté et s'acharner à ne pas écrire les livres pour lesquels on a été mis au monde.

Il est chez lui partout, mais jamais « à la maison », un demi-aveu… Ce qu'il dit du manoir d'Équemauville : « Seul dans ce manoir normand, perdu dans les brumes de novembre, alors qu'aucun phare n'éclairait sa beauté rousse. Depuis plusieurs mois sans souci, j'étais libre d'écrire, liberté dont je n'abusais pas à mon habitude. » Il regarde, après le film proposé par *Les Dossiers de l'écran*, le débat sur la situation en Pologne. Et il songe à ses premières pensées politiques : « À dix ans, j'ai entendu la France chevroter sa défaite. À vingt ans, j'étais curieux de savoir si Staline envahirait l'Europe avant que j'eusse terminé mon premier livre. » La réponse est connue, Staline est mort en mars 1953, bien avant qu'il ait terminé sa première page, avec le stylo dont il se servira toujours.

« Mais il (Moi !) aime écrire car il n'a pas besoin d'argent quand il écrit. Il écrit pour gagner assez d'argent pour lui permettre enfin d'écrire sa *magna opus*. Alors le monde se réduit à une maison de campagne où j'ai une chambre paisible, une table qui n'a pas l'aspect d'un bureau d'écrivain. Mon hôte (ou mon hôtesse) n'aime pas déjeuner, se contente d'un personnel réduit, met au rancart ses amis... L'idéal serait d'être seul dans une maison qui ne vous appartiendrait pas, où l'on se contenterait de déposer sur le four de la cuisine la liste des objets dont on a besoin pour le lendemain. À partir de quarante ans, l'écrivain comme je l'entends ne devrait plus s'occuper de l'existence : l'argent, les sentiments ne sont pas son domaine. C'est dans la solitude qu'il peut faire le moins de dégâts, se dégrader avec le plus de dignité… »

Bernard détestait qu'on le prenne en photo, surtout à l'heure du champagne. Le verre vide au premier plan est le mien, puisque c'est moi qui opère « mains libres ». Pour une fois, Bernie ne porte pas de cravate.

Bernard, blessé, marche avec une canne, monte dans un taxi pour faire les trois cents mètres entre la rue Guynemer (chez Françoise) et la rue Garancière, siège des éditions Plon. Rentré bourré de chez Castel : « Il n'y a que les clubs "fermés" qui m'acceptent. » Il ne sait plus s'il a dormi chez Françoise ou dans un lit d'hôpital car il est « à ramasser à la cuillère ». À Pierre Dumayet, il confiera : « Quand on est un écrivain (écrivin) on sait beaucoup trop de choses. On a beaucoup trop d'expériences ! On ne sait pas où les mettre. »

Il me raconte comment il a accueilli Louise de Vilmorin, invitée à déjeuner chez Françoise – qui dort encore, il n'est que midi – dans ce vieil hôtel particulier qui semble s'avancer en coin, place Sainte-Clotilde, comme un bateau cerné par les banquises. Il avait déjà dîné quelques semaines plus tôt chez Louise, dite Lili. Il se souvient des œufs à la coque, pas de ce qu'il a bu, et constate que le charme de Louise « n'avait pas réussi à rompre cette timidité glaciale, obstinée, ridicule dont je m'accoutre lorsque j'ai décidé dans mon for intérieur que je ne serais pas compris comme je le mérite par la maîtresse des lieux ». L'invitation en retour, chez des noctambules comme Françoise et lui, mal drapé dans son vieux peignoir de bain bleu, déchiqueté, est plus décalée. Il réveille Françoise qui réclame le droit de prendre son bain et exige « sans ménagement ni tendresse » qu'il enfile un costume trois-pièces qu'il ne mettait jamais. Pendant une heure, Louise dira qu'elle regrette qu'il se soit changé, qu'elle adore ces peignoirs d'un autre temps. Elle lui fait un compliment rare : « Il y a des hommes muscles, vous êtes un homme éponge. » Et huit jours plus tard, il reçoit un ravissant paquet signé Maison du Blanc, un peignoir griffé. La plus belle surprise de sa vie. Il découvre une femme qui n'est que charme et gentillesse, « une de ces personnes-cadeaux, trop nombreuses et toutes disparues, que j'ai snobées pour des raisons qui m'échappent encore. Disons que c'est la faute à ma paresse, cette paresse infinie qui me sert d'honneur. » Écrit avant qu'il ne me rencontre, moi une spécialiste du farniente…

La femme de sa vie

La femme de sa vie. Quand il décrit le phénomène Sagan, Bernard Frank livre le fond de son cœur, avec évidemment beaucoup d'esprit. Clouant le bec à ceux qui affirmaient qu'il y a contradiction entre fortes ventes et talent.

La séance de lecture quotidienne, pas un jour sans mon journal, c'est surtout vrai pour Bernard. Françoise vient de lire un article la concernant : « Bonjour, bien-être », et elle m'en parle.

Un critique, parmi tant d'autres, lui explique qu'il a d'autres soucis que Sagan parce qu'il « n'aime pas les lieux communs, je ne sais pas qui elle est, et ne tiens pas à le savoir ». Un de ses amis tout bronzés – ce n'est pas Chazot – vient de passer quinze jours dans la villa qu'elle a louée à Saint-Tropez et se réjouit : « Françoise, je l'adore. C'est une personne exquise, toujours prête à rendre service, vraiment drôle et fine, et douée, quel talent, quelle facilité, c'est vraiment navrant qu'elle s'encombre de parasites, de faux amis. La critique avec elle est tout à son affaire, elle (la critique) n'est plus la touchante petite sœur des pauvres qui tend une gamelle de soupe chaude, mais la princesse de l'esprit, sage et vénérée douairière qui va enfin dire le mot juste, le mot attendu. Je l'attends toujours. Un certain flottement de la critique, lors de la parution du second livre, ne m'aurait pas étonné… Où était-elle, cette petite chose si gentiment maigrichonne que Julliard leur avait présentée ? C'est si fragile, un rien la blesse. Or cette petite chose, toute grêle, toute sautillante, pas le moins du monde spectaculaire, s'ébroua et fila comme une flèche sur nos routes encombrées, prenant la littérature moderne pour une autoroute. La littérature hébétée, par le truchement de ses Aristarques (le prof de Xénophon, grand philosophe, Roger Peyrefitte m'en a longuement parlé), s'apercevait, mais un peu tard, qu'elle s'était occupée d'un monstre qui était de son monde et qui n'en était pas… » Monstre, toujours le mot de Mauriac trois ans plus tôt, orné alors d'un mot tendre, « gentil petit »…

Après son troisième succès, les critiques relisaient *Bonjour tristesse* comme un policier retourne sur les lieux du crime dans l'espoir de retrouver un indice. « Un échec, c'est reposant, ça n'a pas d'avenir, c'est rond, limité, bouclé ! Le succès, on le subit, on le commente, on le suit. On ajoute un verre d'eau à cet océan… La littérature avait désormais sa star qui, debout sur un char d'or, traversait la scène du monde et disait sa gloire. C'était à prendre. Il n'était plus possible de la laisser. »

« Mais un premier livre ne signifie rien, attendons le second, le troisième sera décisif et le quatrième sera le livre de la vérité. Les critiques attendent et quand ils se réveilleront, il n'y aura plus de Sagan. Elle s'en sera allée comme elle était venue, sans qu'on sache comment, furtivement. La littérature et ses prêtres la fourreront dans ces chapitres de transition qu'ils affectionnent. »

On pouvait dire : « Dis-moi ce que tu penses de Françoise Sagan et je te dirai qui tu es. » Vailland voyait une « fille de sa race, la fille de la Marquise et du Cardinal ». Sartre disait dans *Les Temps modernes* « le succès de Sagan est un fait ». Sagan est reine à *L'Express* puisque Françoise Giroud, qui a trois idoles, Mendès France, le pétrole du Sahara et Sagan, le veut. « C'est la littérature à la fois moderne et idéale de monsieur et madame Express. Le journal consacre un quart d'heure par mois au rêve, au dépaysement, à la douceur des sentiments impossibles, mais pourtant nécessaires. » Et ce sera Sagan. Conclusion de l'irremplaçable Bernard : « Je ne sais pas pourquoi on juge si difficile de parler de Françoise Sagan, surtout lorsque, comme moi, on aime bien ce qu'elle écrit. » Aimer bien… Il est alors d'accord avec Emmanuel Berl qui explique que Sagan fait partie de ces jeunes écrivains qui sont les chevaux légers du succès. « La relative minceur de leur talent, sa fragilité ne sont qu'un charme de plus. On est ému, attendri, on se dit : "Tant de gloire, tant de lecteurs pour des têtes si fragiles, pourvu que tout ce bruit n'aille pas les écraser." »

Une de ses piques à propos de la sortie du livre d'Annabel, femme de Bernard Buffet, et très bonne copine de Sagan dans leur jeunesse folle, me fait toujours sourire, j'adore. C'est un modèle de vacherie, ou de lucidité. « Quelque chose vient d'arriver : en partant aux sports d'hiver, Françoise Sagan a oublié de fermer à clé son dernier roman et l'un de ses personnages en a profité pour s'évader. Rendu à l'air libre et ne sachant que faire, il n'a rien trouvé de mieux que d'écrire un livre à son tour. Le personnage, c'est Annabel, le roman, c'est : *Comme tout le monde*. Il y avait un rude temps que je n'avais lu un livre aussi insipide, aussi mal écrit, aussi sot et, pour ne rien vous cacher, aussi nul. Aimez-vous le charabia ? » Etc. Sa conclusion : « Françoise Sagan va trop souvent aux sports d'hiver. Son étourderie est célèbre, on lui vole ses personnages et on les grime pour qu'ils ne ressemblent à rien i.e. comme tout le monde, c'est un danger pour l'édition… »

Bernard Frank a aussi entendu cent fois les anecdotes que révèle Gérard Mourgue, éditeur, libraire, écrivain, réputé pour son flair et ses complaisances. Au débotté, il publie la première bio de Sagan en 1959. Il commence à forger la légende. Françoise part à trois heures du matin avec ses copains (des joyeux lurons) aux sports d'hiver ou à la plage. Tout le monde le sait ! « Je me demande seulement si tout ce remue-ménage culturel n'est pas un peu déplacé, sinon inutile. Elle n'a pas encore vingt-quatre ans et vous n'avez besoin de sacraliser ni sa famille, ni ses livres, ni ses amis, ni les maigres faits (divers !) de son existence. Avouez-le, le succès de Sagan vous a abasourdis, envoûtés, snobés. » Et enrichi ?

Frank précise sa pensée. « Vous inventez des injustices, une affaire Dreyfus à son propos, pour vous donner le plaisir de défendre Sagan avec bonne conscience. Mon ami, vous rêvez, Sagan n'est pas une incomprise. Ne tombez pas dans le ridicule d'être l'abbé Pierre des Rothschild… Le jour où Sagan écrira des chefs-d'œuvre, je me demande bien ce que vous trouverez à lui dire, les adjectifs et les comparaisons… Je ne dirai qu'un mot du charme étrange de ces courts romans en apparence sans mystère. De quoi était-il fait ? De l'adéquation entre l'écrivain et ses pensées. Françoise Sagan disait les choses. Elle emplissait sa littérature sans la charger. Au contraire de ce qu'on a répété, la nature ne l'avait pas comblée de dons. Elle avait la maîtrise de son petit monde. Elle était originale, à l'intérieur de ses clichés, de ses imaginaires plutôt factices et de mauvais aloi. Elle avait cette aisance que donne une relative inculture. Les littérateurs se posent la question de savoir si l'on peut écrire en toute innocence. Sagan a résolu le problème, de la même façon qu'on prouve le mouvement, en bougeant. […] Le succès de Sagan suscita une complicité générale. On laissa faire Sagan. Le succès est une voie ouverte. Elle rappelait les succès d'avant-guerre quand Morand vendait 600 000 exemplaires. L'atmosphère conventionnelle du roman masquait son amoralité. Sagan était bien la fille (naturelle…) de Sartre et de la bourgeoisie. Il devint chic de ne pas paraître profond, d'aimer et de souffrir sans faire de grimaces. Sagan, c'est l'introduction du sensualisme dans les philosophies. Ce qui choqua vite chez elle, ce fut sa façon de se comporter avec l'argent. L'argent de l'écrivain est maudit. La bourgeoisie en est restée au mythe de la vie de Bohème. L'écrivain doit vivre sur une branche, d'eau fraîche et d'esprit. Mais qu'elle brûlât l'argent sans avoir l'air d'y toucher mit en rage les partisans du sérieux. D'où la fascination qu'elle exerce et cette sorte d'horreur qu'elle provoque. (Bardot suscita des sentiments un peu analogues.) »

Frank, chroniqueur, fait son métier quand il interviewe Sagan, écrivain, chez elle, rue de Bourgogne, à propos de *Château en Suède*, en 1960.

Pourtant, ils se connaissent depuis six ans. Elle raconte que l'idée de la pièce lui est venue en janvier 1957 alors qu'elle gelait dans un moulin avec des amis, près de Milly. Cheval, vie de châtelaine Belle Époque. André Barsacq, directeur du théâtre de l'Atelier, est intéressé par la pièce mais la trouve trop courte. Françoise, à l'écoute d'un grand pro, la continue, toujours sous la neige, dans le Bugey, à Montaplan, chez le musicologue François Michel. Françoise et Bernard se sont parlé pendant quatre heures, en tête-à-tête, leur record !, le 10 mars 1960.

L'été 1960, la revue *Arts* lui avait demandé de parler du dernier Sagan, *Aimez-vous Brahms*… Écrire sur Sagan… « Après bien des tergiversations où la paresse avait son mot à dire, j'ai refusé. C'est qu'il n'est plus si facile d'écrire sur l'auteur de *Bonjour tristesse*. La gloire est une censure.

Florence Malraux, l'indéfectible amie depuis le collège, pousse le fauteuil de Françoise qui termine sa cure à Granville, en mars 2003 : elle a bien mérité un déjeuner fin dans un restaurant gastronomique. Avec son Libé *et son* Figaro, *Bernard a vraiment l'allure d'un prof de la Sorbonne.*

En parlant librement, en évitant les compliments outrés et les éreintages imbéciles, j'avais fait figure de monstre. Le ton posé ne convient pas aux gros tirages. Parle-t-on de Françoise Sagan, on ne songe ni au monde de la littérature ni au monde du succès. On évoque un tiers parti : une monade qui a nom Françoise Sagan. » Discrètement, j'ai feuilleté mon Robert : Monade ? Bas latin *monas, monadis*, unité. Unité parfaite qui est le principe des choses matérielles et spirituelles, selon Pythagore. L'élément dernier des choses, doué de désir et de volonté, selon Leibniz…

Florence Malraux

Le « délice du genre humain », ce que les Romains disaient de Titus, s'applique exactement à Florence. Malraux, mais si peu, car elle a vraiment rencontré son père quand elle avait quinze ans… Exquise, modeste – sans doute trop –, ce qui est une rareté dans le milieu qu'elle fréquentait professionnellement, puisqu'elle travaillait avec Josée Dayan et Jeanne Moreau. Sa rupture d'avec Alain Resnais, qui allait rejoindre Sabine Azéma, a été une « électrocution intérieure » (le mot de Françoise est barbare, mais c'est le plus juste). Florence ne se plaignait jamais, ne demandait jamais rien. J'avais dû insister pour la faire bénéficier d'un billet d'avion gratuit grâce à mes nombreux kilomètres parcourus dans les airs pour aller à New York avec Jeanne Moreau, où elles pourraient profiter de mon appartement très central (Park !). Sa discrétion contrastait avec le « culot » que Françoise, enfant choyée et surprotégée, déployait avec beaucoup de naturel quand elle l'avait décidé. Très bien élevée – par sa mère Clara, dont les *Mémoires* en cinq tomes sont un document passionnant –, elle faisait très attention à l'argent, comme si le souvenir de la disette des années de guerre était indélébile ; elle avait huit ans en 1940. Quand elle était invitée à la Maison du Caviar, elle trouvait toujours le moyen de ne pas plomber l'addition, ce qui est un exploit au prix de la louche

C'est un jeu auquel je me laisse toujours prendre, y compris quand je choisis ces photos pour mon livre : laquelle est Françoise ? Laquelle est Florence Malraux ? On disait qu'elles étaient jumelles. De cœur, sûrement. Réponse, Florence est à gauche.

d'oscièttre. Très recherchée, reçue par tous, elle jouait malgré elle (et nous) un peu le rôle de veuve de son grand amour. Jadis, il y avait, dans le magazine *Sélection* que je dévorais chez mon imprimeur de père, une rubrique intitulée « L'être le plus extraordinaire que j'ai rencontré ». Pour Florence, il aurait fallu écrire : « L'être le plus adorable que j'ai rencontré ». Même son timbre de voix était séduisant car il ressemblait à son âme.

Inséparable de Françoise depuis le lycée, elle avait été la première à lire le manuscrit de *Bonjour tristesse.* En ayant saisi toute la nouveauté, elle avait eu le courage de le recommander à son terrible père dont ce n'était certainement pas la tasse de thé. Et c'est avec Florence qu'elle a eu, dès Noël 1954, l'envie d'écrire une pièce de théâtre, alors qu'elles étaient en vacances, avec Bernard Frank l'incontournable, chez un ami dans le Bugey. Ce n'était pas deux âmes sœurs, mais elles étaient parfaitement complémentaires. Primesautière, Florence avait toujours l'air d'être la petite sœur de Françoise alors qu'elle avait deux ans de plus qu'elle. Ses bermudas ou joggings qu'elle portait toujours lui donnaient une allure sportive que confirmait son régime jockey. Elle faisait en bien tout ce que nous faisions en mal. À peine un verre au « Dali » du Meurice qu'elle adorait, ou au Bristol où nous nous retrouvions une fois par quizaine pour déjeuner. C'est pourquoi le mal qui l'a terrassée m'apparaît comme une injustice intolérable. Atteinte de la maladie de Charcot, cette femme adorable ne pouvait plus communiquer qu'en griffonnant ses questions sur les petits calepins qu'elle était obligée de collectionner. La seule fois qu'elle a touché à

Noël 2000 au Breuil, Florence Malraux, songeuse comme souvent, écoute Fréderic Botton qui improvise au piano. Frileuse, elle superposait les pulls pour se protéger de l'hiver normand parfois si humide.

la poudre interdite l'en a dégoûtée définitivement. Frugale, sa seule faiblesse était de porter des vêtements de qualité. Parfois au-dessus de ses moyens. Elle devait alors vendre quelques lettres autographes de son père, ou de Jackie Kennedy qui adorait André Malraux. Mais elle a légué tout le fonds Malraux à la Bibliothèque nationale. Son seul luxe, c'était les voyages, en intelligente compagnie. De sa virée avec Françoise, sur la fameuse Panoramica au Mexique, elle avait gardé un souvenir ébloui. Françoise au volant, Florence avait eu tout le loisir d'admirer un des plus célèbres panoramas, entre deux virages pris sur les chapeaux de roue. Une vitesse qui la forçait à fermer les yeux un dixième de seconde. C'était au début des années 1960, et elles sont passées à Acapulco près de ce qui deviendra la Casa Ingrid, ma maison d'hiver, que, des années plus tard, Françoise connaîtra.

Je ne l'ai vue se fâcher qu'une fois, quand elle a vu Françoise tirer avec sa 22 LR sur les pigeons qui souillaient ses balcons de la rue Guynemer. Elle avait un don pour la conciliation. Quand Françoise trouvait que je parlais trop, elle plaisantait : « Ça y est, elle a dit bref ! Ça va durer des heures… » Florence intervenait doucement : « Laisse-la s'exprimer. » Hélas, personne n'a pu la protéger comme elle l'a fait pour Jorge Semprún qu'elle admirait tant, et qu'elle a accompagné jusqu'à la fin.

François-Marie Banier

Un personnage que Balzac aurait adoré mettre en scène. Il avait de qui tenir. Son père, Étienne Banyaï, était déjà un phénomène. Flash-back. Arrivé de Budapest en troisième classe, ce compatriote d'Attila (le mot est de Roger Peyrefitte, spécialiste des vacheries) travaille quelques mois dans les ateliers Citroen, quai de Javel, avant de créer une agence de publicité qui devient très vite prospère. Changement prodigieux de planète : du SDF au PDG ! Si bien que la famille de migrants peut enfin traverser la Seine pour planter sa tente avenue Victor-Hugo.

À deux pas du fameux lycée Janson-de-Sailly, annexe du Who's who, que le jeune Banyaï devenu Banier fréquente pendant quelques années, avant de claquer la porte. Cet Eliacin bourré d'idées vend des dessins abstraits sur le trottoir. Il a quinze ans. L'année suivante, Dalí (Salvador) apprécie ses dessins. J'ignore si ces chefs-d'œuvre figurent dans la succession Dalí… Comme par magie, Pierre Cardin le recrute en tant qu'attaché de presse. Le couturier est son premier milliardaire. Sur sa seule bonne mine et son incroyable entregent, Banier est lancé. Il n'a rien fait. Il peut et il veut tout. Louis Aragon est son premier chantre et fait un excellent travail de relation publique. « François-Marie est l'être le plus généreux, le plus drôle que l'on puisse rencontrer. » Drôle, c'était exactement ce qui pouvait attirer Françoise. Elle était donc du même avis que François Mitterrand qui, séduit par son talent de photographe – car il sait tout faire et surtout le faire savoir –, lui arrange une exposition de photos au centre Georges-Pompidou. En effet, le poète, romancier, dramaturge est aussi photographe. Passion qui lui avait même valu un « gnon », après un bref échange d'insultes, de la part d'un SDF qu'il tentait d'immortaliser sur un trottoir des Champs-Élysées. Banier avait finalement retiré sa plainte. C'est derrière le viseur de son appareil, pour la une du magazine hyper branché *Égoïste*, qu'il avait fait la connaissance du couple Bettencourt. On connaît la suite, qui deviendra l'affaire Bettencourt, et n'est pas mon propos. Ce que je retiens, c'est qu'il amusait beaucoup Françoise – et moi aussi – par son humour corrosif, son sens de la formule qui n'épargnait personne. Françoise disait qu'il pourrait écrire la suite de son *Passé composé*, le passé décomposé. Nous sommes restés en bons termes, même s'il a été plus distant quand il a (vite) compris que Françoise était une milliardaire ruinée et que je n'étais pas cotée en Bourse.

François-Marie Banier, c'est encore Matthieu Galey qui nous le présente le mieux. Banier fut non pas proche de Françoise, mais dans sa mouvance. Ils avaient un point commun : ils étaient tous deux

Petite mise en scène en hommage au Lit défait *paru en 1977, signée François-Marie Banier. Il lui envoie ce tendre mot qui continue sur son poignet et son visage glabre : « … J'ai très peu de place pour te dire que je t'aime et t'aimerai toujours. » 12 décembre 1983.*

surdoués. Mais lui était aussi un surdoué des relations publiques. Contrairement à Françoise, il avait toujours recherché la notoriété et l'avait entretenue à grand renfort de provocations. Avec le recul, aujourd'hui, je le vois comme un personnage secondaire essentiel. Françoise adorait son esprit qu'elle a aussi dû subir. Mais il a été un des seuls à proposer de l'aider, de lui trouver un bon avocat au moment de l'affaire Elf dont je n'ai jamais rien su directement. Galey raconte : « Quand j'avais demandé à Jouhandeau s'il s'ennuyait parfois, ce cabot superbe avait répliqué : Comment veux-tu qu'on s'ennuie quand on me ressemble. » Ce pourrait être du Banier, dont il affirme avec perfidie que son drame est qu'on « le prend pour un nouveau Cocteau, il n'en est qu'un dessin ».

Paul Morand avait dit à Banier, qui le voyait alors beaucoup (en 1976) : « Mon dernier plaisir, ce sera de mourir. » Exactement le contraire de ce que pensait Françoise. Rappelons que Morand, le passionné de vitesse, a pris tout son temps pour partir à quatre-vingt-huit ans…

François-Marie est un collectionneur d'écrivains et de célébrités, dont son journal se nourrit et sa vie aussi, sans doute, au point de la stériliser complètement. Il note tout sur ses petits carnets noirs en moleskine. Comme Françoise qui, elle, peut sauter une dizaine de pages dans ses carnets que j'ai recueillis. Elle peut même les délaisser, voire les oublier, alors que Banier tient sa vie sous clé. Plus que Françoise, c'est Nathalie Sarraute qu'il pratique assidûment, éperdu d'admiration comme il l'est toujours.

« Être élu par lui, dit Galey, est une distinction qui suppose de toute façon le génie. À quel âge Banier a-t-il commencé sa vendange ? Obsédé par l'ombre de Cocteau, désireux à la fois de lui ressembler et de ne pas être lui, Banier se contente d'être pour l'instant un personnage de Cocteau, quelque chose comme François l'Imposteur. Sa phénoménale assurance et la mini carrière qu'il se taille me ravissent, merveilleusement anachroniques dans une société sans fantaisie. » Il n'y a pas de fête sans lui. Il en profite pour parler de lui, ce qu'une Françoise Sagan ne saurait même pas imaginer ! Il est capable de tout pour ne pas passer inaperçu. De dîner chez Maxim's en tête-à-tête avec Aragon, ce qui fait forcément le buzz. Ou de se balader au pied de la butte Montmartre drapé dans un manteau tricoté multicolore, visible à cent mètres même en pleine nuit. Mais il y a tant de naturel dans son extravagance que cela paraît tout simple. Quand il fait la promo de son dernier livre (de quatre-vingt-dix pages seulement !), il en parle comme si c'était *Guerre et Paix*. Mais avec une telle assurance et une telle candeur sous la rouerie qu'on n'y résiste pas longtemps. Pour Banier, les critiques sont excellentes. Sans doute ceux qui parlent de lui redoutaient-ils le pire : « On dirait chaque fois qu'il s'agit d'un miraculé revenu d'une catastrophe », avait résumé un critique. Son répondeur téléphonique amusait beaucoup Françoise qui était sûre qu'il ne l'appréciait pas pour son argent puisqu'elle n'en avait plus : « M.F.M. Banier, le grand écrivain catholique, est absent. Priez pour lui et rappelez-le. »

Banier n'avait peur de rien, surtout pas des autres. En témoigne la mésaventure d'Archiguille, autrement dit Augustin François Guille, Français des Cévennes. À l'époque où nous l'avons connu, ce peintre, résident suisse, qui cultivait un mystère de bon aloi, était l'amant de Michèle Mercier dont les amours réelles ont toujours été aussi tumultueuses que celles d'Angélique – c'était donc à peine un rôle de composition. Archie avait dragué Françoise et je ne sais pas (ou plutôt je ne le dirais pas) s'il avait conclu l'opération séduction, mais il lui avait offert une voiture.

En mai 1993, il m'avait invitée aux obsèques du célèbre clown Achille Zavatta célébrées comme il se doit sous un chapiteau dans le 12e arrondissement de Paris. L'inventeur autoproclamé de la « transfiguration » avait apporté une de ses toiles, un clown naturellement. Le coffre de sa Mercedes était une annexe de son atelier, le meilleur exemple de transfiguration, voire de transportation portative. En mars 1989, Françoise lui a consacré une étude fouillée dans le numéro 19 du *Meilleur* et, pour la remercier, il lui a offert un tableau intitulé *Un livre ouvert qui dégouline*, qui est toujours à Cajarc… Elle disait très gentiment « qu'il avait tout vu, tout essayé, tout appris, même de peindre avec du sang (celui de Michèle Mercier). De chaque école, il a attrapé le savoir et l'esprit ». Le clown allait voyager…

Un soir, j'ai invité Françoise et son peintre, sous la garde de François-Marie Banier, dans un restaurant chinois typique du 6e arrondissement. Banier joue ce soir-là un de ses tours les plus vicelards, c'est vraiment le mot qui convient. Archiguille, installé dos à la vitrine, ne peut pas voir la grue de la fourrière qui cible sa Mercedes ! Fasciné par Françoise qui joue le jeu, le peintre amoureux n'a d'yeux que pour elle. Alors que je me lève pour l'alerter, Banier me bloque : « Chut, laisse faire… » J'ai eu la faiblesse de l'écouter. Françoise, silencieuse, se doutait de quelque chose mais elle n'a même pas eu le temps de terminer son deuxième nem que la Mercedes déjà filait vers la fourrière. Impavide, l'artiste continue de raconter comment, pendant une tempête de neige, son coffre s'était ouvert sous la poussée du vent et ses toiles avaient voltigé dans les flocons. Impossible de les retrouver. Banier le chambre, dit qu'il exagère, le peintre insiste, s'enflamme en dépit de la neige ! C'est seulement en sortant une heure plus tard qu'il découvre la disparition de sa voiture. Il n'a plus qu'à héler un taxi. Ce jour-là aussi, son immense coffre était rempli de ses toiles…

Le clown sera offert plus tard à Marianne Bernadotte, de l'illustre famille de Suède, pour doter une de ses ventes de charité. Acheté par… un aveugle qui peut donc « suivre les dégoulinures du doigt », ironisait Françoise.

Françoise évitait de se montrer en public car elle avait horreur de signer des autographes et elle avait du mal à refuser de le faire. Elle trouvait toujours des excuses pour échapper à la corvée : « Non merci, excusez-moi, mais ça va refroidir », bredouillait-elle, même quand elle dégustait des huîtres. Une réplique plus proche de Ionesco que de Sagan, disait Bernard Frank que la starisation des autres titillait parfois… L'épisode des huîtres (qu'on ne servait pas encore chaudes) lui a rappelé un gag de Banier dans le métro qu'elle prenait si rarement, surtout aux heures de pointe. C'est Françoise qui raconte et elle n'avait pas l'habitude de trousser l'anecdote pour épater l'entourage. L'écrivain photographe avait mis au point un numéro gerbatoire qui l'enchantait, il faisait semblant d'éternuer dans son mouchoir dans lequel il avait placé une huître n° 2, et prenait tout son temps pour empaqueter sa pêche. Françoise regardait le plafond. Les voisins tournaient la tête. Banier triomphait sans modestie excessive. Ce qui n'étonnera personne.

Pierre Bénichou

Fréderic Botton au piano qui sera saisi (et racheté par moi !) trois fois et en a beaucoup souffert. Nous réclamions toujours la valse que Barbara a rendue inoubliable.

Très présent sans être omniprésent. Pas de la « bande » Sagan, dont on sait qu'elle n'a jamais existé, mais un électron libre, très libre. Sa spécialité : faire hurler de rire Françoise qui n'était pas du genre à s'esclaffer au moindre bon mot. Par exemple, Bénichou imite tous les tics des *Grosses Têtes* de Bouvard, reines des ondes depuis 1977.

Il peut être aussi bien Kersauson que Danièle Gilbert, à qui il arrivait à donner de l'esprit. Il est toujours en flagrant délire – titre d'une émission concurrente, c'est vrai. Ce soir-là, réveillon en famille, son théâtre était installé dans la cuisine exiguë du Cherche-Midi, au milieu d'une bande tout acquise, c'est vrai, mais toujours séduite. Chacun était juché sur un coin de table, à deux sur un tabouret, sur un radiateur (éteint). C'était Beni-show. Inimitable. Jamais enregistré malheureusement. Je ne connaissais pas encore tous les invités : Peggy, encore proche de Françoise, mais si malade, Frédéric Botton, Jacques Delahaye, Jacques Chazot, Stéphanie Cauchois. Nous sommes en 1993, je fais encore mes débuts dans l'univers de Françoise. Pendant un éclat de rire, arrosé au champagne dans un nuage de poudre, je m'aperçois que j'ai perdu le clip en rubis Van Cleef & Arpels que Félix avait tendrement fixé sur mon épaule gauche, celle du cœur. Mon rire s'étrangle. Botton se doute de quelque chose de grave. Il me regarde. Nous nous retrouvons dans l'entrée, puis dans la rue. Ma voiture (en l'occurence, une de nos Rolls à l'époque… !) est garée entre deux réverbères anémiques. On ressemblait à deux taupes dans un tunnel. Nuit noire. Soudain jaillit la lumière. Une voiture approche, cherchant à se garer, et balaie notre champ de vision. Dans l'éclat maigrelet des phares, alors que j'ai le nez collé sur le trottoir, brillent soudain mille éclats de rubis, un peu comme un Cataphote – marque déposée par Félix en 1931 – pour éclairer les cyclistes. Une vraie nuit de Noël, merci les Rois mages. Félix avait acheté aux enchères ce bijou qui avait appartenu à la duchesse de Windsor. Il me prenait pour une reine. Même morganatique, c'est agréable. Je n'ai pas pu faire moins que d'offrir à Frédéric, pour le remercier de sa conduite chevaleresque, une paire de boutons de manchette, modèle Windsor, en hommage... Puis nous sommes remontés au cabaret Benichou. Je l'ai écouté en me caressant l'épaule gauche et en pensant à Félix. Le rire de Françoise a tinté jusqu'au bout de la nuit. L'année commençait merveilleusement bien.

Son panthéon

Fidel Castro

Fidel Castro, qu'on ne présente plus, derrière sa batterie de micros, son arme de guerre. Françoise, l'ayant rencontré deux fois au début de la révolution, avait un jugement nuancé sur la coqueluche de la gauche parisienne.

Mais pas trop. Françoise avait débuté en politique avec Castro et en avait conservé un souvenir très mitigé. Cette année-là, en juillet 1960, Castro avait convié des journalistes étrangers, dont la jeune romancière Françoise Sagan, à partager l'émotion du peuple cubain libéré de ses oppresseurs. Toujours aussi franche, Françoise est entraînée dans « le voyage le plus ahurissant que j'aie jamais fait et ferais jamais, je l'espère, de ma vie ». Inépuisable sujet d'affrontement avec Bernard Frank. Déçue par l'ambiance militariste et l'absence de perspectives, c'est le moins que l'on puisse dire, mais toujours en éveil. Quand elle découvre enfin le Líder Máximo, grâce au téléobjectif d'un obligeant photographe de *Paris Match*, il apparaît : « Grand, fort, souriant, fatigué. Il semble très bon et très las. » Mais, à sa grande déception, elle ne réussit pas à le rencontrer en tête-à-tête.

Elle est retournée à Cuba des années plus tard pour le compte de *L'Express* dirigé par Françoise Giroud, fan de Françoise. Quand on la félicitait d'avoir tout compris du régime castriste bien avant les spécialistes – car contrairement à elle, en 1960, tout le monde s'extasiait sur le Cuba de Fidel –, elle jetait ces quelques mots : « Tous ces soldats avec toutes ces mitraillettes m'inspiraient la plus grande méfiance. » Elle refusait de considérer cela comme une analyse politique, mais plutôt comme un réflexe de femme « récalcitrante par nature aux drapeaux et aux trompettes ». Elle souriait en disant les Cubains désordonnés, bruyants et bavards comme Castro qui pouvait tenir le micro pendant huit heures sans reprendre son souffle. Cependant, elle jugeait Fidel « bon, foncièrement honnête et désintéressé. Il aime son peuple ». Françoise se méfiait du populisme, s'amusant à rappeler qu'entre Jésus-Christ et Poujade, il y a mille manières de parler directement aux gens. Elle précisait que Castro avait horreur du sang et que les fusillés étaient des assassins, des bourreaux aux ordres de Batista. Et que si, par hasard, un quidam disait dans la rue que Castro était un crétin ou un coquin, « il ne risquait pas plus de quarante-huit heures de prison ».

Lors de son second voyage, elle constate que les élections promises n'ont jamais été organisées, que les journaux ont été saisis. « Les résultats sont toujours consternants. Ce ne sont partout que tracts, slogans, discours, une hystérie de l'affiche, de la profession de foi, et bien entendu de l'outrance. Il y a un côté prodigieusement énervant chez les Cubains, c'est leur côté “nouveau libre”. Ils sont nouveaux libres comme on est nouveaux riches. Ce sont eux qui ont inventé la révolution, tout le monde les admire et il n'y a que les salauds pour se permettre la plus légère objection. Ils sont persuadés qu'à part la Russie, tous les peuples vivent sous une affreuse tyrannie et que nous-mêmes, Français, prêtons la main à un bourreau sanguinaire nommé de Gaulle. » Françoise, qui est le désordre incarné, trouvait les Cubains par nature désordonnés.

François Mitterrand

Autant sa relation avec Sartre a été immédiate, intense, née de l'admiration absolue qu'elle avait pour son œuvre, autant ses débuts avec Mitterrand ont été plus compliqués. Si elle adorait François Mitterrand, des années après avoir « soutenu » de Gaulle, en 1965, contre lui que défendait Marguerite Duras (dans *Paris Match*), c'est l'homme et son esprit qui la fascinaient. Pas forcément sa politique. « À l'époque, je me méfiais de lui, mais quand je l'ai rencontré en 1979, j'ai changé d'avis. »

En 1965 donc, elle avait soutenu de Gaulle autant par conviction que par réaction (si j'ose dire), parce que Mitterrand l'avait un brin agacée lors de leur première rencontre : trop sûr de lui, pour ne pas dire arrogant. Des années plus tard, le hasard les réunit dans le même avion. La conversation s'engage. C'est évidemment lui qui parle le plus. Françoise tombe sous le charme. Le pouvoir de séduction du futur président fait son effet. La vivacité de son intelligence, la sincérité de ses choix littéraires et la profondeur de son érudition la séduisent. Rien ne sera plus comme avant.

Dès 1980, ils deviennent proches, elle va désormais aux meetings, puis amis « véritables », comme dit Montaigne. Trois fois par mois (environ), il s'invitait à déjeuner chez elle en toute simplicité, rue d'Alésia, puis rue du Cherche-Midi. C'est elle qui le raconte, très sobrement. « Il fait téléphoner par sa secrétaire : "Je peux venir déjeuner ?" Alors, il arrive, tranquillement, tout seul. Mes voisins sont un peu surpris. C'est un invité charmant, toujours à l'heure et toujours de bonne humeur. On ne parle pas de politique. J'essaie de servir un plat qu'il ne mange pas dans les banquets : un pot-au-feu par exemple. J'admire l'homme qu'il a réussi à rester malgré le pouvoir. » Je m'éclipsais lors de leurs tête-à-tête pour préserver leurs confidences. C'était leur jardin secret, et il le restera : elle m'en disait ce qu'elle voulait. Ces moments comptaient parmi les meilleurs de sa vie. Je n'en ai pas été un témoin oculaire : en 1965, je terminais ma classe de philosophie avec une ardeur tempérée par un goût déjà affirmé pour les plaisirs de ce monde. Ni un témoin auriculaire puisque les souvenirs de Françoise voltigeaient dans sa mémoire avec légèreté : elle ne m'a jamais raconté sa vie par le menu, toujours par flashes… Ce que Bernard Frank m'a dit, beaucoup plus tard, c'est qu'elle avait interpellé Giscard, fraîchement, lors d'une réunion de personnalités, à propos de la peine de mort. Françoise avait même eu le courage de se lever pour en demander l'abolition. Pour elle, l'exécution d'un criminel était aussi un crime, un crime d'État qui ne compensait rien.

Françoise n'a manqué qu'une fois ce rendez-vous emblématique. Les dernières semaines, quand il a dû garder le lit, dans l'appartement de l'avenue Frédéric-Le-Play, elle devait venir le saluer. Une dernière fois ? La mort de ses proches l'a toujours terrifiée, paralysée. Arrivée devant la porte, elle n'a pas osé sonner et elle est repartie. Pour protéger la ferveur de ses heures éblouissantes. Et rester « avec ses meilleurs souvenirs ».

En 1985, elle avait accompagné Mitterrand en Bolivie. Elle y avait vécu une expérience médicale douloureuse dont elle ne daignait parler que pour l'évacuer d'une pichenette : « Je me suis endormie à Bogota et me suis réveillée à Paris… quinze jours après ! Un accident dû à l'altitude. Un déchirement de la plèvre (quel vilain mot !), mais, au réveil, j'étais de bonne humeur. »

Jean-Paul Sartre

Elle ne s'en est jamais cachée : « Un être à part ; il me touche, me bouleverse et m'éblouit à la fois comme écrivain et comme homme. » Tout est dit. En 1979, elle lui écrit une très longue lettre parue dans *Le Matin de Paris* (où Bernard Frank tient une rubrique), à lui qu'elle n'a

Jean-Paul Sartre, la grande passion intellectuelle de Françoise, à Pékin avec Simone de Beauvoir. Françoise adorait déjeuner avec lui, en tête-à-tête. Il plaisantait : « Si Simone savait ! »

pas rencontré. Mais ils se verront bientôt. Une marque d'admiration inédite chez elle. Si l'on excepte Proust. La plus longue lettre qu'elle ait jamais écrite, cinq mille signes comme on dit dans l'édition – elle les a comptés. Elle prend prétexte qu'ils sont nés tous les deux un 21 juin pour engager la conversation. « S'il en reste encore beaucoup que j'admire en tant qu'écrivains, vous êtes bien le seul que j'admire en tant qu'homme. Tout ce que vous m'aviez promis à l'âge de mes quinze ans, âge sans concession, vous l'avez tenu… Dans le même temps, vous vous êtes toujours jeté tête baissée au secours des faibles et des humiliés. Vous vous êtes trompé parfois mais vous l'avez reconnu chaque fois. Vous avez refusé obstinément tous les lauriers moraux et toutes les exploitations matérielles de votre gloire alors que vous manquiez de tout. Vous ne vous êtes pas réfugié derrière cette fragilité fameuse de l'écrivain, cette arme à double tranchant qu'est son talent… Vous avez été le seul homme de justice, d'honneur et de générosité de notre époque : travaillant sans cesse, donnant tout aux autres… faisant l'amour et le donnant, séduisant mais tout prêt à être séduit… Vous avez préféré souvent être utilisé, être joué, à être indifférent, et aussi, souvent être déçu à ne pas espérer. Quelle vie exemplaire pour un homme qui n'a jamais voulu être un exemple... » Sous sa plume, Sartre a quelque chose de la figure paternelle, à un moment où Françoise vient de perdre son père tant aimé. Ils s'étaient déjà croisés par hasard alors qu'une femme l'accompagnait de très près. Un soir, ils se côtoient lors d'un dîner très parisien – sans vraiment se voir –, deuxième hasard absolu. Puis elle écrit cette lettre dans le *Matin* et il lui fait demander de passer le voir. Françoise attendait ce moment depuis trente ans ! Elle découvre un homme « gai comme un pinson », dira-t-elle, ce qui peut étonner. Par la suite, ils déjeuneront ensemble tous les quinze jours. Ils parlent de la vie, de l'amour, des femmes en général surtout, des comédiennes en particulier. Elle lui coupe sa viande puisqu'il est presque aveugle, et de la figure paternelle on passe à la figure maternelle, voire filiale, avec Françoise, dans les rôles de la maman et la fille. Leur arrivée au restaurant est toujours plus spectaculaire que ne le souhaiterait la « timide » Françoise, car elle doit lui tenir la main. « Des entrées de comiques, dira-t-elle. Je bégaie, il ne voit rien. » Ce qui amusait Sartre. Elle grignote, il dévore les morceaux de viande qu'elle découpe maladroitement. Ils s'amusent, n'abordant jamais le sujet du travail, de leur œuvre. Françoise lui demande même des conseils d'ordre privé ! Ils n'évoquent ni la mort, pourtant si menaçante, ni leurs accointances communes. « On se parlait comme si on était sur un quai de gare ! » Destination inconnue.

Bernard Frank avait initié Françoise à la « magie » de Sartre qu'il connaissait bien pour avoir travaillé avec lui aux *Temps modernes*. Entouré des deux femmes qu'il chérissait le plus, Françoise et Florence, il avait assisté au printemps 1955 à la première de *Nekrassov* qu'il avait beaucoup aimé. Il retrouvait le vrai Sartre, le ton de *Huis clos* : « Il s'en va gaiement de tous les côtés, et en gardant la maîtrise de sa pièce. » Florence Malraux (« adorable ») avait ri aux éclats, si fort qu'elle avait gêné son voisin ! À la sortie, Françoise, toujours passionnée de théâtre, avait dit des spectateurs et des critiques: « S'ils n'ont pu souffrir cette pièce, c'est qu'elle les a fait rire. Ils veulent bien que l'on parle du communisme, mais tragiquement. Si l'anticommunisme est une bouffonnerie, de quoi ont-ils l'air ? » J'avais cinq ans alors, et ne verrais la pièce que trente ans plus tard.

Frank résume la pensée du philosophe qui voit en Sagan sa dernière héritière : « Cette petite personne maigrichonne, aimable, futée, talentueuse, connue dans le monde entier, d'une certaine façon, elle lui fait honneur, c'est sa préférée, sa "cadette". »

Sartre, pour une fois, est d'accord avec Emmanuel Berl, un des découvreurs de Sagan, non pas surtout admirateur ! Dans le « Journal d'un écrivain » qu'il tient à partir de 1954 dans la revue *La Table Ronde* à la demande de Jean Mistler, ce penseur emblématique et discuté démonte le « phénomène Sagan » qu'il considère comme un ersatz de Colette – qui fut par ailleurs sa voisine au Palais-Royal. Une demi-Claudine « qui s'est contentée de rester assise sur un tout petit pliant pour regarder passer l'histoire ». C'est un mini pamphlet en forme d'exécution sommaire publié en mai 1956, soit deux ans après le « délit » de *Bonjour tristesse*, ce qui prouve la fermeté de son jugement. Pas évident pour celui qui a si souvent varié. Rien ne lui est plus étranger qu'une idée arrêtée, dit un de ses biographes, « pour bien le voir, il faut le suivre à la trace ». Ne surtout pas attendre qu'il pose, il est déjà ailleurs. Rien à voir avec la longanimité d'un Mauriac toujours si heureux d'être ébloui par la séduisante adolescente. Hélas, pas de débat enregistré entre les deux maîtres du portrait, vachard ou pas. Le rapport de Françoise avec Colette est d'ailleurs très complexe, et n'a pas changé avec le temps. Quand des amis, des flatteurs, des lecteurs voulaient la comparer à Colette, elle protestait mollement, se récriait, se disant écrasée par le génie multiforme de la grande Colette : « Je ne suis pas Colette. » Je n'ai jamais su vraiment comment l'entendre. Modestie ? Dépit ?

La nuit, son territoire

Apostrophes

Françoise adore *San-Antonio* et n'aurait jamais manqué un passage de Frédéric Dard à la télévision, surtout chez Pivot. Installée confortablement chez elle, elle l'avait applaudi à *Apostrophes*. Je n'ai pas osé accompagner Françoise, en tant que membre du public, sur le plateau de Pivot, qui l'a invitée deux fois. Une trentaine de personnes, sans compter les attaché(e)s de presse, constituaient l'assistance. C'est madame Bartoli qui y représentait la famille. Avant l'émission, j'étais réfugiée chez nous, Françoise m'a fait passer un petit mot « secret » : « Je t'aime »… Elle était si nerveuse qu'elle avait versé de l'alcool dans le verre (d'eau) qu'elle avait demandé.

Frédéric Dard, j'avais dîné une seule fois avec lui, sous la houlette de Roger Peyrefitte, à la brasserie de la place des Ternes, La Lorraine. Françoise avait toute son œuvre en poche. Quand elle aimait, elle aimait tout et voulait tout. Elle adorait Virginia Woolf avec laquelle même Bernard Frank lui trouvait beaucoup de points communs. Mais elle jugeait Agatha Christie « trop répétitive » alors que j'adore aussi bien Miss Marple que Poirot adapté à la télévision. Nos discussions passionnées à ce sujet pouvaient durer le temps d'un épisode et reprendre avec le suivant.

John le Carré restera son grand regret. Ils avaient rendez-vous au café de la Paix, mais faute de se reconnaître, ils se sont ratés, comme dans un des livres de Françoise.

Gérald Nanty

L'homme le plus discret mais le plus emblématique de la nuit parisienne a toujours reconnu (très volontiers !) que Françoise a été la femme la plus importante de sa vie. « Toutes les fêtes que j'ai organisées étaient centrées sur elle, même si elle disait ne pas beaucoup aimer être dans la lumière. Elle est devenue la marraine de tous les établissements que j'ai tenus. » Ils s'étaient rencontrés sur le pavé de mai 68 et ne se sont plus vraiment quittés. Gérald qui, paradoxalement, refusait toutes les invitations dans les « temples de la nuit », au point que Jacques Chazot le surnomme « N'assistera pas », était animateur du Prélude, un bar tenu par deux lesbiennes.

Un soir, Françoise l'entraîne dans un bar de jazz, le Nuage, rue Bernard-Palissy, derrière l'église Saint-Germain-des-Prés. Excellente musique sur pick-up, disait-on encore. La salle est sinistre, trois zombies y sifflotent leur verre. Françoise présente Gérald au taulier et lui annonce qu'il va reprendre le bar, qu'elle s'occupe de tout. C'est ainsi, grâce à Françoise qui avait de quoi payer quelques travaux de rénovation, que Nanty s'est enfin retrouvé à son compte. Premiers clients, Manouche qu'il présente à Roger Peyrefitte. Françoise l'a même invité, une fois, à partager son rendez-vous avec Mitterrand. Nanty note : « Il adorait la petite, ça crevait les yeux. Elle buvait ses paroles. » À la fin du déjeuner, potage du Lot (son département d'origine), rôti de veau, glace aux marrons – toujours du Lot), le président lui demande quand même de me présenter. « Il tient des bars très louches ! » explique sobrement Françoise. C'était l'époque où elle terminait sa biographie de Sarah Bernhardt, *Le Rire incassable*, elle se trouvait beaucoup d'affinités avec la tragédienne. Elle partageait avec elle cette manière de prendre tout avec légèreté. Elle disait qu'elle devenait « maboule » à force de soutenir tant de conversations avec celle qui incarnait le théâtre, la passion de Françoise. Nanty connaît cette autre passion de Françoise, reine de la nuit, mais de toutes les nuits, y compris celles de Pigalle.

Un jour, ou plutôt une nuit, l'entourage de Françoise s'alarme, téléphone à Nanty qui enquête et la retrouve dans un bar de Francis le Niçois. Perchée sur un tabouret, elle discutait avec les filles dont elle avait fait la conquête, méritant une fois de plus le surnom de Petit Gangster à jupon que lui avait donné Florence Malraux. Dans une lettre à François Mitterrand, beaucoup plus tard, à l'occasion de l'affaire Guelfi dont je ne dirai rien, elle s'était comparée à cette Mata Hari qui a payé très cher des bêtises qu'elle n'avait même pas commises ! Françoise a aussi poussé Gérald à reprendre ce qui deviendra le Mathi's à l'automne 1996 et que j'ai découvert avec elle alors qu'il n'était encore que le reliquat d'un hôtel de passe, rue de Ponthieu. Elle lui avait dit : « Ouvre un bar avec cinq tables et nous ferons des dînettes. » L'endroit abritera trente couverts serrés dans trente mètres carrés. Françoise a même mis la main à la pâte pour décorer. Le Mathi's a failli s'appeler La Chamade, en hommage à l'un des ouvrages de la commanditaire, puis Banco comme son chien, mais cela faisait trop « casingue ». Finalement, Nanty a choisi le prénom du grand amour de sa vie. Françoise lui avait simplement dit : « C'est pour toi. » Françoise, experte en « noctambulogie », disait toujours que ce qu'il y a de plus grisant dans la vie, c'est faire quelque chose pour rien. L'acte gratuit. Si gratuit que Nanty a pu se permettre de refuser Madonna surgie avec dix gardes du corps sans s'être annoncée. Et aussi un John Malkovich plus en état d'honorer ce énième bar à la fin de son circuit.

À l'époque où Françoise sortait (presque tous les soirs), Régine était l'incontournable « reine de la nuit ». Mais toutes deux n'étaient pas pour autant très proches.

La nuit

Son pays de prédilection. J'ose presque dire son paradis, son autre vie, sa vraie vie. « J'aime la nuit, le temps de nuit, c'est une mer étale, ça n'en finit pas. Alors que je déteste tout ce qui réduit le temps. La nuit, j'ai l'impression d'avoir du temps. Les gens que l'on rencontre la nuit n'ont pas de rendez-vous dans dix minutes : ils sont libres. Ils ont envie de parler, de s'expliquer, d'établir des rapports gratuits. La nuit est peuplée d'inconnus, qui parlent, et qui souvent ne savent pas qui je suis. Délicieux ou pénible, toujours fascinant. Toute personne capable d'un acte gratuit – matériellement ou moralement – devient *ipso facto* mon frère ou ma sœur de sang. »

H & C

Ne pas confondre avec HEC. Françoise transportait dans son sac à main, qu'elle déposait n'importe où, des produits de première nécessité. Pour tromper les « chineurs », elle avait mis H dans les enveloppes de C – « je verrai bien qui fouille ! » Si bien qu'un jour, notre délicieux ami Frédéric Botton, trop impulsif, tape dans le C pour faire une ligne réglementaire de quatre centimètres, mais il ignorait le piège. Il n'avait pas l'habitude de H, autrement plus puissant que le C ! Résultat pour le compte, au lieu de sauter au plafond, il s'est effondré.

Puisque nous sommes en train de jeter de la poudre aux yeux, si j'ose dire, Françoise s'est beaucoup amusée de la scène suivante qui restera dans nos annales. Alors que je revenais des courses, les vraies, celles de Franprix, pour le dîner du soir, je découvre que les « enveloppes » ont été vidées par nos invités. Il ne reste qu'une minuscule pyramide blanche sur la table de la cuisine. Furieuse, c'est rare, je souffle sur le pyramidion ! Ce qui déclenche une ruée générale pour ramasser, avec des cartes de crédit en guise de chasse-neige, ce qui restait ! Françoise dira qu'il y avait pourtant sur le carrelage plus de poussière que de particules de rêve. Une neige en deuil !

Le jeu

Elle n'aimait pas le poker, selon elle un jeu d'hommes où les femmes ne sont pas à l'aise. Trouvait que le gin-rummy qu'elle pratiquait souvent avec nous, « pour des haricots » (pas vraiment !), était un médiocre divertissement pour s'occuper entre amis. La roulette, quand elle a débuté dans le métier, était le moyen de réunir assez d'argent pour le jouer au chemin de fer, plus gourmand en mises. Le jeu, le vrai, c'est contre des inconnus, dont certains lui plaisaient, d'autres la répugnaient, dans un lieu dédié, sur un grand tapis vert. Au casino, disait-elle, « l'argent retrouvait ce pour quoi il avait été inventé : circuler ». Ce n'est plus une idole, un tabou, une obsession, c'est l'émotion du grand mouvement que l'on peut réitérer à volonté.

Banco, c'est un nom évidemment prédestiné, surveille notre partie de roulette en décembre 1995 installés sur le tapis du salon, avenue Foch. Il avait du travail car tout le monde trichait en jurant le contraire. Photo par Guy d'Arcangues, qui vient de se faire plumer et du coup devient croupier !

La preuve, le jeu vagabonde partout, tout le temps. La scène se passe rue de l'Université, sur l'immense lit japonais, grand comme un tatami, disait Bernard. Concentrée, Françoise termine une partie de 5 000 contre lui. Elle ne parlait jamais de francs, mais de kopecks, une monnaie fantôme…

Parfois j'avais l'impression que ce qu'elle préférait, c'étaient les retours au petit matin. Pas seulement quand elle avait eu le droit d'acheter le Breuil, en misant tout sur le 8. Elle a toujours dit – et prouvé – que l'argent avait changé son mode de vie, mais pas la conception qu'elle en avait. Ni son reflet dans un miroir. Quand elle avait besoin d'argent pour mener la vie qu'elle entendait avec ses amis, elle téléphonait à son éditeur qui envoyait un chèque. Plus tard, c'est moi qui remplissais cette fonction aussi vitale qu'une transfusion. Pour Françoise, l'argent était la condition nécessaire, mais pas suffisante, de la liberté. « J'ai toujours dépensé avec d'autres, pour ceux qui en ont besoin. Je ne me sens coupable de rien. »

Massimo

J'ai choisi cette photo non pas à cause de Massimo Gargia, qui fut un temps son fiancé le plus crédible et aussi l'homme qui nous avait présentées, mais parce que Françoise porte une cravate en lamé depuis toujours !

Il sort de prison après un court séjour, suite à un malentendu, un imbroglio, dit-il. À cause de son association avec le patron relou d'un restau de Marrakech, il le raconte mieux que moi dans son livre. Pour célébrer son retour à l'air libre, il veut donner une fête à Paris ; c'est

Vous aurez compris que Françoise vient de perdre au gin rami. Elle a beau faire et refaire les comptes, elle est « blitz » – terme de gin utilisé quand la colonne est vierge – c'est moi qui gagne, cf. la colonne du centre qui en fait foi. Mais elle essaie toujours de s'en tirer à son avantage : une vraie joueuse ne perd jamais… espoir !

moi qui finance la java, cet hymne à la liberté, donné dans notre nouvel appartement au cinquième étage de la rue de l'Université. « Très Macssimo' », persifle Bernard Frank, qui inspecte les préparatifs, fait venir un fleuriste pour cacher nos ampoules qui pendouillent nues au plafond, virer les « petites merdes » qui encombrent et gâchent la vue. C'est ainsi qu'il surnomme les petits cadeaux de lecteurs envoyés à Françoise qu'elle n'arrive pas à jeter. Massimo, fauché, n'est jamais avare de petits mots « câlins », Ingridouchka, mon poussin. Les gentillesses coulent déjà à flots, alors que sa luxueuse revue *The Best* perd de l'argent. Il invite Ursula Andress, Johnny, Girardot, Fabian, toujours dans tous les bons coups, on la voit beaucoup plus souvent dans les javas qu'à l'écran. Nanty, qui trouve Massimo grossi, l'appelle « l'Otarie de la jet-set ».

Roger Peyrefitte

Ce bon jeune homme au look incertain, on a bien du mal à le reconnaître aujourd'hui, c'est Roger Peyrefitte, notre voisin, l'été, à Capri. Il vivait chez Bob, l'empereur du Kitty Cat Food dont les matous ont fait la fortune. Il avait organisé une soirée thématique, grandeur et décadence de l'Empire romain. Roger était apparu en toge, comme Tibère, son idole. Mon Félix s'était contenté d'une petite couronne de lauriers.

« C'est le seul homme à qui tu as été fidèle, me charriait Massimo Gargia, ce parangon de fidélité, comme on le sait. Parce que vous êtes platoniques. » Il voulait sûrement dire platoniciens, vu le niveau de nos conversations avec le grand écrivain. Depuis toujours, Roger fréquente Capri, où il plantera un jour, évidemment, le décor d'un de ses romans, *L'exilé de Capri*, écrit dans notre fameuse villa Fersen. Car un de ses amis, un Américain roi du biscuit pour chiens, y possédait la villa Capricorno, où il donnait une fête tous les soirs, à la saison.

Capri, super bling-bling même si le mot n'existait pas encore, c'était exactement ça. Ne manquait que le Fellini du *Satyricon*.

Nous sommes dans les années 1970. La fête, toujours costumée, était inspirée par un thème culturel. Pour « Grandeur et décadence de Rome », il avait même fallu que mon mari Félix porte une couronne dorée de lauriers que Néron aurait adorée. Très mal à l'aise, Félix me l'avait refilée comme si j'étais Messaline ! D'autant que j'avais adopté le costume si seyant de la malheureuse. Croyant me faire plaisir, Roger m'avait présentée comme la femme du propriétaire du plus beau yacht de l'île, le *Black Swann*, du plus bel hôtel, le Quisisana. Son ami l'avait interrompu : « Et son mari est celui de la plus jolie femme de l'île. » Trop galant ! Et la plus jeune, assurément, puisque je sortais de l'université ! Félix, qui parlait six langues – et comprenait la langue de vipère qu'il ne pratiquait pourtant pas –, restait toujours courtois. Une seule fois, il s'est frité avec Roger. Ce dernier lui avait demandé : « Je veux être le cavalier d'Ingrid pour le bal du Best, peux-tu prêter ta femme ? » Et mon Félix de répondre : « Pas à quelqu'un qui a la tremblote ! »

Moi, je trouvais Roger charismatique, un prof d'université à la maison pour moi toute seule. Mais je n'aurais jamais dû le revoir après la parution de son livre, si scandaleux, *Les Juifs*, que Félix avait lu avec une attention toute professionnelle. Une fois par semaine, je faisais la sieste avec « mon écrivain ». Françoise m'avait fait partager son goût pour ce meuble de conversation comme au temps de la marquise de Sévigné. Roger me disait : « Ingridoushka, fais-moi Pauline Borghèse. » Mais la sœur de Napoléon ne faisait pas le même usage de ses lits ! Avec Roger, la sieste était hautement culturelle. Il me parlait de Voltaire, de Diderot. Il refaisait l'histoire comme s'il l'avait vécue, du Decaux pour moi toute seule. Éblouie, je complétais ainsi mes études interrompues prématurément pour cause d'hédonisme incurable. Avec Roger, c'était Capri à Paris pour moi qui désormais étais exilée de Capri, pour reprendre le titre du Peyrefitte, puisque Félix, inquiet des troubles qui agitaient l'Italie, avait vendu le Quisisana à un fabricant de téléviseurs allemand, Grundig. Capri n'était donc jamais fini, contrairement à la chanson culte d'Hervé Vilard que je viens d'écouter à l'Olympia. C'était d'ailleurs plutôt caprices, et au pluriel.

Roger aurait voulu écrire un livre sur Françoise, mais elle ne l'aimait pas, le mot est faible, et il ne venait qu'en son absence. Rendez-vous avec l'histoire, manqué en permanence. Mon amitié pour lui était une pomme de discorde… pour rester dans la mythologie. Je l'aimais comme un « maître », alors que les deux personnes que j'ai le plus aimées ne le supportaient pas. Roger n'avait honte de rien, il a même osé demander à Félix d'organiser une soirée pour la sortie de son livre *Les Juifs*. Félix, toujours élégant et par amour pour moi, mais pas dupe, lui a seulement demandé une petite correction pour la sortie en poche de son ouvrage si controversé : Méchoulam, ce n'est pas juif turc, mais grec…

Je l'ai vu jusqu'à la fin et j'ai été une des rares femmes invitées à sa table. Prière de le considérer comme un honneur, cela va de soi. Pour le remercier du festin culturel, je lui avais offert un éclairage sophistiqué, six spots, pour mettre en lumière, et en valeur, les petits angelots qui forniquaient sous son plafond : *Coïtus non interruptus*. Il sentait que, sur ce point-là, j'étais désintéressée, tous mes proches le confirmeront !

Le lit, son poste de commandement

Le lit

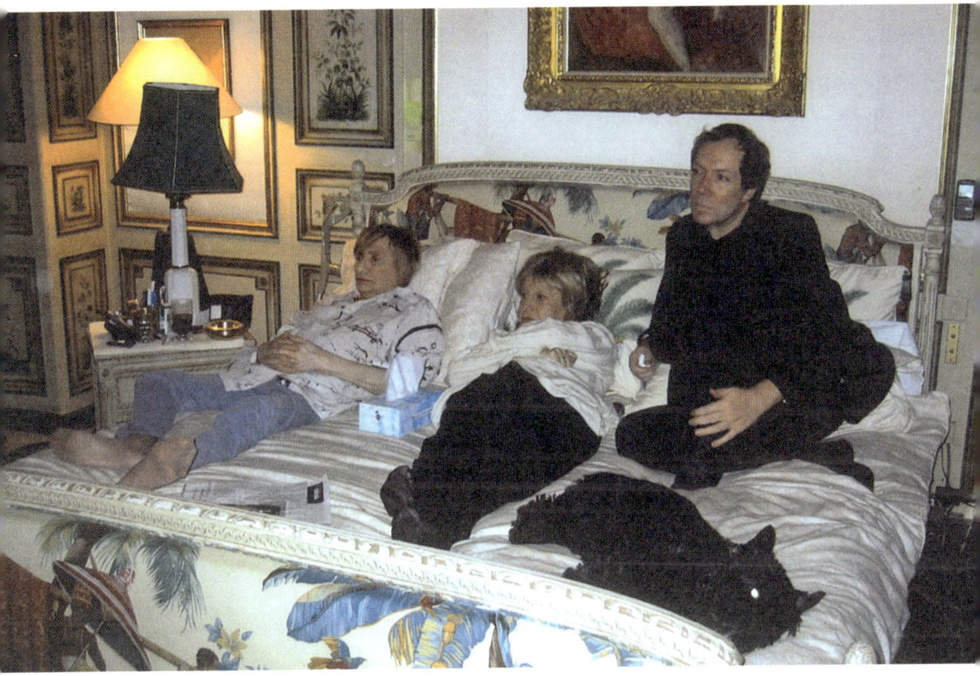

Un lit à peine défait, comme dans un roman de Françoise. Séance télé à la maison puisque Françoise ne voulait pas sortir voir les films en salle, de peur d'être reconnue. Florence, toujours frileuse, entre Françoise et Jean-Paul Scarpitta. Françoise détestait ce tissu qui lui semblait esclavagiste à cause des singes qui grimpaient le long des palmiers.

Le lit, c'est le dernier salon où l'on cause. Françoise a toujours dit qu'on ne se parle jamais mieux que dans un lit, lieu idéal pour les « échanges nombreux, longs, parfois interminables, on n'en finit jamais de parler… de tout ». Quand je feuillette aujourd'hui nos « albums » photo (ce sont souvent des boîtes en désordre), je suis encore étonnée de la place que le lit tenait dans notre vie sociale, notamment avec Florence Malraux. On y passait à l'aise à trois. Madame de Tencin tenait salon dans la « ruelle » de son lit, petit espace compris entre le lit et le mur, Françoise recevait, elle, dans son lit XXXL. Elle y prenait même des notes qu'elle gribouillait avec ardeur, ce qui les rendait encore plus difficiles à déchiffrer et maculait les draps de feutre noir. C'était le lieu privilégié de la réflexion, de la plaisanterie, des rencontres puisqu'elle pouvait y accueillir des visiteurs. Le lit de madame Sagan était toujours avancé. Ce lit, seul meuble qui lui était indispensable, elle qui avait horreur des objets, préférant ne rien posséder. Elle a souvent déménagé, sans s'occuper du mobilier, mais quand on pouvait enfin lui annoncer que sa chambre était prête, elle était ravie, enfin chez elle. Elle se disait nomade, à condition de trimballer son lit social, ludique, amical. Elle avait une formule : « L'équilibre, pour moi, c'est de se retrouver dans le lit le soir, sans épouvante, et le matin, sans découragement. » On sait qu'elle mélangeait allègrement les heures, le soir et le matin, « soir espoir », « matin chagrin »… Et les époques. Souvent, lovée entre deux oreillers, sans jamais lâcher le livre qu'elle avait entrepris de terminer dans l'heure, elle me disait qu'elle pensait qu'elle allait mourir et que tous les êtres qu'elle aimait allaient mourir, et que cela lui donnait « envie d'entreprendre un millier de choses ».

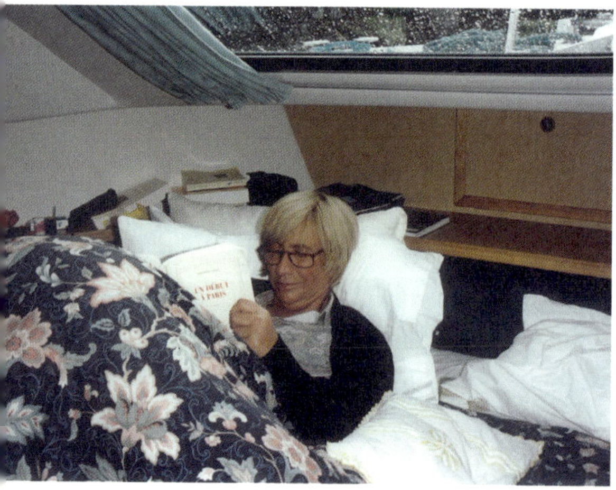

*Changement de décor. Alors que la pluie inonde notre beau navire en Irlande, Françoise est plongée dans la lecture d'*Un début à Paris *de Philippe Labro… Très au fait de la météo locale, elle emportait toujours des piles de livres. Et les ouvrait tous. Faisant rarement des commentaires.*

Solitude

D'après elle, ce goût pour la solitude remonte à son enfance, qu'elle a pourtant vécue très entourée par une famille aimante, et peut-être justement à cause de cette bande d'adultes qui la choyaient. Car elle était seule de son âge. Elle disait souvent qu'elle aurait aimé avoir toujours dix ans. Mais c'est sa propre définition de la solitude, à elle qui n'a jamais été seule – une solitude intérieure, qu'elle recherchait. C'est uniquement pour écrire qu'elle voulait être seule, ce qui est le propre de bien des écrivains qui, contrairement à la légende sartrienne, écrivent rarement sur des tables de bistrot.

La photo que j'adore. Françoise doit avoir cinq ans et ses parents sont réfugiés dans le Vercors pendant la guerre. Elle tient dans ses bras son nain préféré, Simplet. Un choix ou un symbole de pureté ?

Elle a toujours été très entourée, par des « amis » différents à différentes époques. Le seul qui ait franchi les décennies, c'est Bernard Frank. Dans son œuvre, elle le dit elle-même, deux thèmes prédominent, l'amour et la solitude. Mais le thème principal, c'est la solitude. Posture classique de l'écrivain, Montaigne dans sa tour, Chateaubriand reluquant le Grand Bé mais se gardant d'y habiter. Le philosophe Alain a bien dit qu'un homme seul est toujours en bonne compagnie. Paradoxe que l'on peut aisément retourner. La solitude, ce n'est pas forcément vivre en ermite, mais vivre avec « une conscience d'un soi immuable, assez perdu et incommunicable à la fois ». De l'ordre du biologique, pensait-elle. Mais aussi de l'ordre du postulat : « L'homme naît et meurt seul. » Elle a affirmé plusieurs fois : « Je suis vraiment privilégiée puisque je fais ce qui me plaît, même vivre seule si j'en ai envie. » Elle n'en a jamais eu envie…

Par ailleurs, elle dénie l'existence d'un « clan Sagan », étiquette que la presse lui a rapidement collée sur le dos, et encore plus celle d'une « cour ». Pourtant, le terme « clan » aurait mieux correspondu – ou moins mal – à son mode de vie des années 1960. Quand elle appréciait être entourée de fous du roi dont le rôle était le même que celui de Triboulet au temps de François Ier. Je le sais d'autant mieux qu'à mes débuts – tout à fait par hasard – dans son univers, je n'ai pas été accueillie à bras ouverts par ce que j'appelais alors, faute de mieux, son entourage. Françoise qualifie ceux qu'elle ne quitte pas et qui la quittent encore moins de bande d'amis. Mais jamais elle n'a été prisonnière d'un groupe, encore moins d'une « coterie ». Elle a toujours dit que l'écriture entraîne une « solitude obligatoire », le mot obligatoire lui ressemble si peu qu'il signifie beaucoup quand elle l'emploie. Une solitude qu'elle décrétait, et ses décrets avaient force de loi, en l'instant. Cela signifiait simplement qu'il fallait qu'on lui fiche la paix quand elle s'installait dans son bureau au rez-de-chaussée après avoir quitté une partie de cartes qu'elle perdait en plein milieu.

Dans une maison qui bruissait de toutes les rumeurs de la vie. Puis elle revenait parmi nous, exigeant que nous lui racontions la vie sans elle, mais toujours avec elle. Car sa définition de la solitude n'était pas forcément celle, si plate, du *Petit Larousse* : « le fait d'être seul ». Françoise imagine plusieurs solitudes, celle de femmes qui n'ont rien dans la tête, d'une noctambule dans le raffut d'une boîte de nuit bondée. Parfois, elle rêvait de partir – seule bien entendu – dans l'inconnu, jusqu'au Tibet même, région qu'elle avait approchée quelques jours, lors d'un voyage au Cachemire avec son frère Jacques. Partir vers l'inconnu, rencontrer des inconnus « pour m'arracher aux choses trop acquises ». Et elle reconnaît : « On naît seul, on meurt seul… entre-temps, on essaie de ne pas être trop seul. Partir, oui, mais toujours avec quelques-uns. » Elle développait parfois, dans des conversations, ses pensées sur le thème « être souvent seul, c'est là une des clés du bonheur ». Elle s'isolait quand elle le décidait. La solitude est plus difficile à trouver qu'à fuir. Surtout quand on ne la cherche pas. Quand on a très mal, on est toujours seul. Ceux qui vous aiment le plus ne peuvent rien pour vous. Quand elle a été transportée d'urgence à l'hôpital d'Honfleur où elle est décédée, je ne pouvais plus rien pour elle. C'était la première fois que je manquais à ma promesse de ne jamais la quitter…

Flora

Une « marque » de courtisane romaine, réactualisée quinze siècles plus tard par François Villon, et le prénom d'une bonne espagnole. Françoise n'a jamais pu dire employée de maison, elle disait « bonne », comme à Cajarc quand elle était fillette. Flora avait la délicate mission de promener Banco deux fois par jour, c'était réglementaire. Un animal (si peu !) qu'elle vénérait puisque c'était le chien d'un grand écrivain et elle lui servait son repas, je n'ose pas dire sa pâtée – que pourtant il lapait, comme il se doit –, sur un plateau d'argent. Il ne manquait que le rince-doigts ! Pour rythmer ces balades hygiéniques, Françoise avait écrit des chansons, sur l'air de *La Marseillaise*, que Flora chantait plus scrupuleusement qu'exactement. Bonne chrétienne, mais « givrée », disait Françoise, elle n'avait peur de rien et surtout pas des flics. Quand Banco s'abandonnait en dehors des caniveaux réglementaires et qu'un courageux policier se proposait de lui coller une contredanse, Flora répliquait : « C'est le chien de madame Sagan. » Circulez, y a rien à voir. Et elle racontait son exploit à Françoise, ravie. Flora est restée après la mort de Félix, Banco avait tant besoin d'elle.

Sur son tabouret attitré (qui lui permettait aussi de sauter dans le lit), Fouillis se fait réprimander par sa maîtresse qui pianote avec ténacité. Pour son chien, elle composait des chansons que sa « gouvernante » fredonnait avec vigueur sur le trottoir en le promenant.

Isabelle Held

L'as du clavier et de la sténo depuis les débuts de Françoise était aussi préposée à la cheminée, pas de flammes sans elle. On s'engueulait souvent aux jeux de cartes car elle râlait quand Françoise partait brusquement faire la sieste : elle la soupçonnait de me rejoindre...

Alors que Françoise n'aimait que le rouge et le noir, sans rapport avec Stendhal, Isabelle expliquait doctement que Françoise adorait les prairies du même vert que les tapis. À propos de météo normande, Isabelle préférait entre tous (et elle les avait copiés mille fois) ce mot de Françoise : « Il fait salement beau. »

Spock

Il s'agit ici du vrai capitaine Spock. Incontournable dans sa mythologie. Un lecteur de Françoise pourrait s'en étonner, mais elle adorait *Star Trek*, dont elle ne ratait pas un épisode, analysant finement l'histoire, et calculant le coût des tournages ! Faussement offusqué, Bernard se retirait alors dans ses appartements pour réfléchir en paix.

Puisqu'elle refuse d'aller dans les salles de cinéma, elle voit les films à la maison. Françoise est très sentimentale dans ses goûts, très fleur bleue. D'ailleurs, dans ses livres, il n'y a pas de scène « *hot* », si ce n'est un baiser de trois pages dans *La Femme fardée* à Capri, lors de la croisière musicale ! *Casablanca*, son film préféré, elle l'a vu dix fois avec la même émotion, elle s'identifie totalement à l'héroïne incarnée par Ingrid Bergman. On se moquait gentiment d'elle à ce sujet. Elle adore aussi les westerns, comme *Fort Alamo*.

Dictionnaire(s)

C'est toujours au lit que Françoise a commencé à rédiger son dictionnaire. D'abord sur des feuilles volantes qui ont été éparpillées. Un dictionnaire masculin/féminin, des pièges du genre. Par exemple, effluve : masculin ou féminin, parce qu'il termine en « e » ? La question était posée aux convives. Masculin évidemment, mais presque tous se trompaient, même le « cacique » Bernard Frank. Elle qui s'agaçait de la multiplication (à la télé) des mots inutiles, bricolés, comme « dangerosité », alors que danger suffit, serait aujourd'hui ulcérée par les délires de l'écriture inclusive. Elle y aurait répondu par le fameux mot de Zazie, mon cul(te), bien qu'elle détestât les gros mots. Cela dit, nous faisions facilement dix fautes à la dictée de Pivot…

Tous les jours, elle compulse son *Dictionnaire analogique* Tchou Hachette, ravagé par l'usage, que Frank a toujours cherché à lui faucher (pour la coincer sur son écriture ?). Quand on lui demandait si elle « travaillait » beaucoup son français, elle lâchait une réponse toute prête pour faire court. Ayant beaucoup lu (et retenu), elle convenait et s'en réjouissait que les mots lui venaient assez facilement, mais elle avait un truc imparable, ce fameux dico qui était son (seul) complice : « Quand j'ai des ennuis, je me jette dans mon Tchou. » Elle adore au cours de dîners proposer des dictées, comme celles de Bernard Pivot, mais à sa façon, elle adore la dictée de Proust (normal, c'est son auteur favori qu'elle a lu toute sa vie).

De manière générale, je l'ai constaté tous les jours pendant quinze ans, elle n'aime pas les questions, elle aime les conversations, les échanges, façon ping-pong, elle ne dit pas tennis de table, vifs, brefs, comme les petits billets qu'elle griffonne et qui disent l'essentiel en quelques mots. Depuis l'âge de dix-neuf ans, elle était inondée de questions, par la presse bien entendu, mais pas seulement…

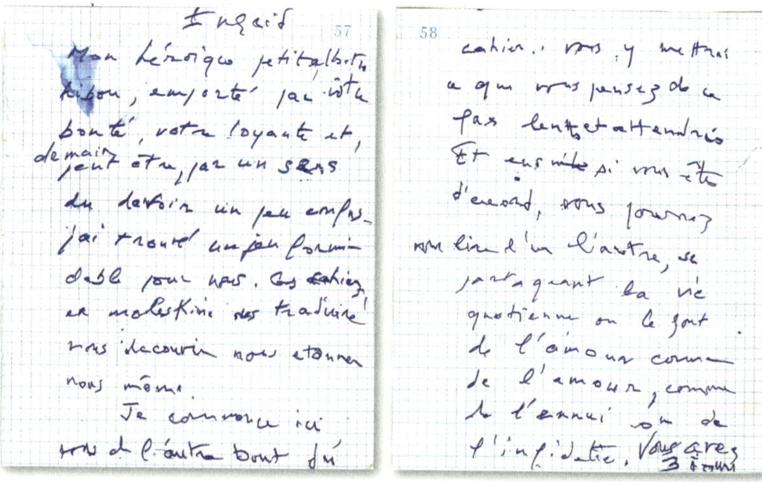
Ingrid
57
Mon héroïque petit albatros
hibou, emporté par votre
bonté, votre loyauté et,
demain peut-être, par un sens
du devoir un peu confus
j'ai trouvé un jeu formi-
dable pour nous. Ces cahiers
en moleskine nous traduiront !
nous découvrir nous étonner
nous même.
Je commence ici
vous de l'autre bout du

58
cahier. Vous y mettrez
ce que vous pensez de ce
pas lent et attendri
Et ensuite si vous êtes
d'accord, nous pourrons
nous lire l'un l'autre, se
partageant la vie
quotidienne ou le goût
de l'amour comme
de l'amour, comme
de l'ennui ou de
l'inquiétude. Vous avez
3 jours

Invitation à écrire à quatre mains sur les carnets de moleskine que je lui ai offerts : on commence chacune par un bout. Pour se rejoindre au milieu. Elle a surtout dessiné.

Coups de cœur

Joey Starr

On ne s'attend certes pas à le trouver dans l'entourage de Françoise. Pourtant, il a débarqué tard dans la nuit, escortant un de ses copains qui venait délivrer un pli urgent. Allure typique qui vous est familière, mais nous ne le connaissions évidemment pas. Pourtant, une heure plus tard, il improvisait une séquence rap intitulée *Foch impro* tellement remarquable que Françoise, qui aurait aimé écrire davantage de chansons, le félicite, spontanément : « J'ai de bonnes ondes, vous irez très loin… mais je ne serai plus là. » Et quand il est sorti un instant pour se préparer un « tonique », elle m'a dit : « Il a vraiment quelque chose, tu verras, c'est une future "starr". » Il avait longuement étudié l'appartement et tout ce qui s'y trouvait avec une attention qui pouvait prêter à confusion. D'autant qu'il ne regardait jamais en face, je veux dire, droit dans les yeux. Puis Joey est revenu, préparer son fourneau spécial dans la cuisine : une canette de Coca écrasée, percée de tout petits trous, on introduit la poudre, on chauffe. La deuxième fois que nous l'avons croisé, nous débarquions les bagages au retour du Breuil. Il nous a spontanément aidés à porter les sacs. Et les voisins, endormis j'espère, ont raté une scène clownesque. Pour porter la lunette de WC spécial handicapé sans lâcher les valises, il l'avait enfilée par le cou, comme un cordon de grand-croix de la Légion d'honneur. Il était par ailleurs capable de me donner des conseils en matière de bijou : à l'en croire, deux émeraudes sur les incisives auraient été du plus brillant effet.

Pierre Foulon

Sa présence dans l'univers Sagan est révélatrice de la manière dont Françoise pouvait gérer sa vie. Il l'avait entendue dire pendant l'émission *Apostrophes* où Pivot l'avait reçue avec une déférence prudente : « Je cherche un jardinier. » Pour sa propriété du 91, rue du Cherche-Midi, à quelques numéros de l'hôtel particulier que Gérard Depardieu s'achètera beaucoup plus tard. C'était plus facile que de passer une annonce et cela s'avérera plus efficace. À condition d'y mettre le temps. Deux ans plus tard, en effet, Françoise, qui descend de voiture devant chez elle, est abordée par un jeune homme fort courtois qui lui demande : « Vous cherchez toujours un jardinier ? » Françoise, qui ne s'étonne jamais de rien, confirme. « J'habite juste en face de chez vous et je vous avais vue et entendue chez Pivot. » Françoise répond simplement, comme dans une de ses pièces : « Pourquoi pas ? » C'est ainsi que Pierre, qui avait débuté comme étalagiste chez Carrefour, a été engagé, avant de devenir un modèle d'homme de confiance. Son jardin étant un peu plus petit que le celui du Luxembourg (à Paris), disait-elle, Pierre n'est pas débordé par les coups de bêche. Mais il devient indispensable, en tant que coursier de confiance à qui elle demande un jour, par exemple, d'aller chercher 70 000 francs pour elle à la banque, une somme coquette qui l'avait laissé pantois. Il en verra d'autres et rapportera aussi des « plis » plus compromettants. Très vite, le copain de circonstance devient un compère qui ne la trahira jamais.

Quand il prenait des cours de théâtre, Françoise lui donnait la réplique. Son débit devenait alors très différent de celui de son quotidien : elle était sur scène. Je regrette encore qu'on ne l'ait pas enregistrée. Pierre, qui était du signe du Capricorne, parlait peu ou beaucoup. Il pouvait rester assis dans un coin pendant des heures, songeur. À Acapulco où il avait accompagné Françoise, il prenait des paris sur l'heure exacte du coucher de soleil et les formes et couleurs que l'astre allait prendre en plongeant dans le Pacifique. Il avait attendu Françoise pendant deux ans, il savait patienter, et comprendre les difficultés de l'existence. C'est lui qui a eu l'idée d'installer un tabouret Louis XV, repose-pieds de Félix, afin que Fouillis puisse plus facilement sauter sur le lit. Prévenant.

À cette époque, Françoise se sentait parfois un peu seule, sa compagne Peggy Roche étant très malade et moi, très souvent au Mexique avec mon mari Félix, le magnanime. Pierre, toujours de belle humeur et très disponible, faisait la soudure. Françoise a toujours eu horreur de la solitude. Leur relation s'est installée doucement mais durablement. Surtout autour d'un tapis vert. Un soir, elle lui téléphone, ils galopent à Enghien. Elle engage les 70 000 francs qu'il lui avait rapportés de la banque et que, par miracle, elle n'avait pas dépensés. Lui balance toute sa fortune, 3 000 francs. Ils sévissent à des tables différentes. Mais Françoise, spécialiste du steeple-chase, pouvait parier sur quatre tables à la fois. Sa cavalcade provoquait toujours un attroupement. Elle pariait même sur le bleu à des tables réservées au rouge. Elle peut, elle aime, jouer sur tout, même sur le sexe des mots, avec « esclandre » (masculin depuis 1320), elle a souvent gagné ! Mais elle mélange le jeu des tables, le directeur de la salle intervient pour la rappeler à l'ordre. Furieuse, elle ordonne – c'est le mot – à Pierre : « Mettez tout sur le huit et après on file, au diable ces c… ! » Et elle se précipite vers le vestiaire pour récupérer son Fouillis. *In extremis*, un groom l'empêche de passer la porte-tambour : « Madame, vous avez gagné 72 000 francs ! » Retour à Paris au volant de la Fiat turbo offerte par son admirateur, le peintre Archiguille. Elle jette à Pierre qui s'apprête à lui faire la morale : « Vous dormez à la maison, demain on file à Acapulco, chez Ingrid ! »

Matthieu Galey

*Encore une photo convenue mais à la demande de la grande presse. Le jeune prodige en train de marteler sur le clavier un nouveau chef-d'œuvre, après le triomphe d'*Un certain sourire. *Problème : sur le rouleau de la machine est engagé un feuillet manuscrit ! Elle a pu s'offrir, très vite, les services d'une secrétaire dactylo.*

Ce critique littéraire de haute volée a été l'un des esprits les plus pénétrants de son temps. Il témoigne du phénomène Sagan en toute lucidité. Sa vision d'elle est essentielle pour éclairer ce qu'elle a été. Et son journal, en deux tomes, est un document majeur pour la comprendre, dans le contexte de l'époque. En le relisant après la mort de Françoise, comme l'étudiante studieuse que je n'ai pas été très longtemps, j'ai appris à la connaître encore mieux.

Galey la rencontre aux Deux Magots le 3 juin 1954 après avoir lu d'une traite *Bonjour tristesse*. Ayant repéré d'énormes qualités, il reste prudent avant de comparer cette petite jeune fille venue de nulle part à Raymond Radiguet. Au célèbre café, c'est elle qui le repère ! Elle va vers lui et s'installe à sa table. « Petite et brune, avec des yeux ronds, sombres, elle fait à peine ses dix-huit ans. Moins dure et pointue que son livre, mais elle y ressemble par sa grâce et son sérieux. Voix sèche, rapide, elle parle presque illisible. » Ils échangent sur tout, Sartre, Camus, Abellio, Proust qu'elle idolâtre et même Benjamin Constant qu'elle révère, mais pas sur elle. Enfin, elle consent à lui révéler qu'elle renoncerait à l'écriture « pour un grand amour partagé ». Le critique le plus fin de son temps note : « Très intelligente, elle devrait se débrouiller dans la vie, l'air de ne pas y toucher. » Tout est dit ! Quelques jours plus tard, il rencontre Bernard Frank. Prémonition ? « Une parole pressée, bafouillante, assez incertaine, mais la pensée lucide, d'une intelligente férocité. » Encore bien vu. Il ne peut savoir qu'il a identifié le couple littéraire qui va perdurer jusqu'en 2004. Quand il retrouve Françoise et Bernard, c'est en une de *France-Soir* : l'accident de Françoise. Bilan très calme et lucide : « Très bon pour la légende de mourir jeune… mais la radio nous dit qu'elle vit encore. Frank fera parler de lui de son vivant. Plus témoin que romancier, il a besoin d'être là et d'en ricaner. » Jusqu'en 2015.

Deux ans plus tard, Galey retrouve Frank en pleine forme au déjeuner littéraire où l'on doit établir le sommaire du premier numéro de la revue *Saisons* : « Sarcastique, il lance des jeux de mots en ricanant. C'est lui néanmoins qui mène la danse, gros bébé noiraud. Il décrète en autocrate, par oukase : Sagan, oui ; Christiane Rochefort, non ; Aragon, pas question, etc. » En octobre 1959, Galey redécouvre Françoise lors d'une signature à la librairie Michel Mourgue, celui qui osera la première bio de Sagan : « Elle est coiffée à la chien, comme les incroyables, indifférente à la foule qui se bouscule autour d'elle. Le regard vague, ennuyé. »

Le 29 décembre, elle n'a pas changé, mais le jeune critique est devenu matelot – en mission comme secrétaire à *La Revue maritime* – et obligé de porter l'uniforme. Françoise déguste une tarte aux prunes aux Deux Magots avec Jacques Chazot, et veut absolument caresser son pompon rouge, ça porte bonheur. « La plus célèbre midinette du siècle » est désormais tranquille sur son avenir. Un avenir dont le brillant critique n'a jamais douté. À tel point qu'il se frite avec le monument historique en péril, Jacques Chardonne, qui a refusé d'aller voir *Château en Suède* à cause d'une seule phrase qu'il avait lue avant : « Je voudrais aussi que les pauvres puissent rêver. » Chardonne renâcle : « Il n'y a que les pauvres qui rêvent… Tout ça pour jouer à la femme affranchie, copier Beauvoir et ses pareilles. Les riches n'ont pas le temps de rêver. »

Galey la retrouve aussi bien chez Pierre Bergé, qui fête son anniversaire, que chez Paul Morand, en 1964, pour sa fête annuelle du 20 février, avec la droite littéraire et la gauche convenable, Sagan, Bory, Freustié. Et pour le dîner de lancement du *Nouvel Observateur* de Claude Perdriel (très proche ami de Bernard Frank) où Chardonne, indigné professionnel, débine ce qu'il appelle « la bande à Frank » (pas encore à Sagan) : « Cette Sagan finira par chanter dans les cours, et Frank tiendra la sébile ! » Tout le monde n'a pas la vision prémonitoire de Galey qui va encore retrouver Françoise le 19 mai 1965 lors d'une soirée si parisienne chez Charlotte Aillaud, la sœur aînée de Juliette Gréco. Françoise, « vilaine mais gentille » (sic), lui demande tout à trac pourquoi il n'écrit pas autre chose que ses chroniques. Un an plus tard, java chez Georges Auric, Galey n'a d'yeux que pour la belle Charlotte et en oublie presque de saluer Françoise, « jaunâtre et gentille ». Toujours « gentille »…

Mais Frank passera-t-il à la postérité, tout est là ? Galey en était certain, six ans plus tôt. Des années plus tard, en 1980, son jugement sur Frank s'est franchement nuancé. Pour lui, « l'homme de lettres commence au prix Médicis, et c'est tout. Ce Frank-tireur respecte les décorations, les titres, avec une passion curieuse. » Pourtant, c'est à Frank que Galey a dû sa carrière dans la presse depuis septembre 1959. Frank avait promis à son rédacteur en chef de faire un papier sur le nouveau livre de Sagan, mais il n'a pas eu le courage de l'écrire « faute de pouvoir en dire le bien qu'il n'en pensait pas, ou faute de n'oser pas en dire le mal qu'il en pensait sans doute ». Galey le remplace à son poste et ne le quittera plus. Ce qui lui permettra, en novembre 1983, de rencontrer Peter Handke qui lui confie : « À dix-sept ans, j'ai essayé d'écrire un livre qui racontait l'histoire d'un camionneur. J'étais influencé par l'exemple de Françoise Sagan. Je pensais que j'allais devenir célèbre et riche. »

Le 23 mars 1983, Galey révèle que c'est Antonine Maillet, la romancière de Montréal, qui a traversé l'Atlantique pour faire attribuer le prix Pierre de Monaco à Sagan. Quant à sa première rencontre avec Sagan, il la racontera encore un an plus tard, en octobre 1984, à une journaliste de la télé. Inoubliable : il avait bien pesé ses mots.

Florence Arthaud

Jaïd le dealer était amoureux de Florence. Été comme hiver en bermuda et T-shirt, il s'appuyait sur une canne très colorée dont il n'avait pas besoin. Nous avions des livreurs en commun, ce sont les hasards du petit commerce urbain, surtout nocturne. Si bien que Florence est venue à l'appartement plusieurs fois. Son tempérament et son histoire avaient tellement séduit Françoise que cette spécialiste de la piscine et des grèves (de sable fin) s'était mis en tête de racheter *Pierre le Grand*, son voilier qui avait besoin de se refaire une beauté. J'avais demandé un devis pour changer l'accastillage, certaines manœuvres, je me croyais encore sur mon *Black Swan*. Françoise allait pouvoir remettre la casquette de capitaine dont elle s'affublait avec bonheur sur les canaux irlandais. Le jour J, les enchères se déroulant à Miami, nous étions pendues au téléphone à Paris. Françoise, pourtant si joueuse, avait décidé de ne pas dépasser les 200 000 euros. À la dernière seconde, un quidam a proposé 280 000 euros. Françoise a laissé filer sur son erre… le voilier dont je rêvais. Elle l'aurait appelé *Sagan 1*. La mère de Françoise Arthaud, une femme adorable, nous avait déjà donné des conseils pour embarquer des vivres uniquement dans des récipients de verre. Le verre, ça nous connaissait !

Le père Jeanne

Je n'ai jamais su son nom. Toute la Normandie le connaissait sous cette appellation, une raison sociale peu surprenante dans ce bocage si impénétrable, à un petit quart d'heure de Deauville. Profession, paysan. Vocation, guérisseur rustique. À l'époque qui nous concerne, cet horticulteur de soixante-dix ans officie à Beuvron-en-Auge. Autrement dit, il est chez lui depuis six siècles. Il a installé une salle d'attente dans sa serre : quatre chaises coincées entre les fraises, les potirons, les coloquintes et les tomates. Un physique entre Gabin et Bourvil mixés dans le même rôle : sorcier. Jadis, il aurait risqué le bûcher – même si l'on brûlait surtout des femmes. Mais ça marche, il en impose. Les clients mettaient l'argent dans un vieux chapeau de paille, à leur gré. Trois sous ou cent francs, c'est pareil. Libéralité rare chez un Normand et digne d'être notée. Quand il impose les mains, il chasse la douleur grâce à une sorte d'hypnose que je ne saurais expliquer. Un confort nous envahit. Nous endort. Pour réveiller Françoise, un peu trop « endormie » après la séance, car elle très sensible, il la gifle. Cela fait partie de la thérapie. Aussi sec, je lui retourne deux baffes ! C'est la première fois de ma vie que je me bagarre ! Pendant la séance, « le père Jeanne » transpire autant que ses patients. Après son traitement, pendant quelques jours, on avait à nouveau vingt ans ! Je n'ai jamais analysé avec Françoise pourquoi nous n'étions pas retournées à la source du miracle plus de deux fois. Avoir vingt ans tous les ans, ça aurait pourtant dû être une motivation. La séance se concluait dans le bistrot culte de Beuvron-en-Auge, un des plus beaux villages de France, qui s'appelait Chez le coiffeur, reliquat historique du salon de coiffure qu'il était autrefois. L'alambic avait simplement remplacé le séchoir. Avantageusement, Françoise pouvait le certifier.

Gérard Depardieu

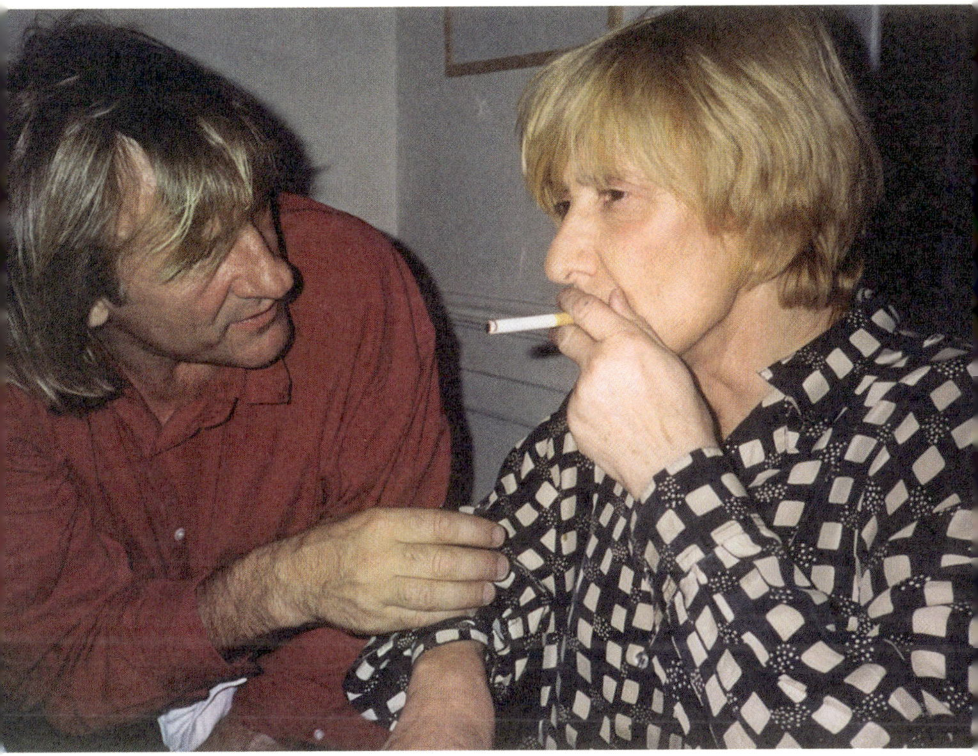

Longue conversation avec Gérard Depardieu qui joue dans Bérénice *avec Carole Bouquet. Gérard lui demande son avis, ses réflexions, car il sait combien elle adore le théâtre, sans doute sa vraie passion.*

Un épisode inédit : *Obélix à la neige. Ma non troppo.* Jean-Paul Scarpitta, notre ami et ange gardien de toujours, a organisé le séjour dans la station ultra mondaine de Cortina d'Ampezzo, à sa manière, c'est-à-dire parfaite. C'est un metteur en scène exceptionnel, même avec les intimes. La mise en scène, c'est sa passion. Très belle suite, aussi familiale que l'ambiance. Fête du Nouvel An jusqu'au bout de la nuit.

Invitation chez Lucia, la veuve Barilla des célèbres pâtes, avec quinze proches. Barilla, dont Gérard a fait la pub à la télévision avec une sincérité qui n'avait rien à voir avec les zéros du contrat. Je ne peux faire moins qu'offrir un châle Hermès à notre élégante hôtesse qui a le goût exquis de l'apprécier avec un fin sourire : « C'est trop, il ne fallait pas. » Françoise, bien qu'épuisée par l'altitude, la joue charmante comme elle sait si bien faire – pas du tout l'ambiance d'un dîner mondain, smoking obligatoire. C'est le fruit de la délicieuse éducation Quoirez. Elle est heureuse, alors qu'elle avait craint de tomber dans un piège d'arrière-boutique, dans une ambiance nouveau riche à l'italienne. Nous sommes plus près de Visconti. Gérard, en pleine forme, parle boulot avec son sourire le plus ravageur et la contredit vertement quand elle émet un avis financier : « T'as rien compris aux affaires. » Ce qui n'est pas inexact, tout le monde le sait. Carole Bouquet reste silencieuse. Elle est ailleurs. Gérard ne rentre jamais sans avoir fait une virée dans les boîtes de nuit, même s'il n'y sévit pas longtemps. Ce ne sont pas les slaloms qui l'ont épuisé. Il est dans une phase où son tour de taille suit la progression de ses cachets : il s'accroît. Mais comme il ne fait jamais rien à moitié, que ce soit la piste, le parquet ou la neige… Ses improvisations constituent le meilleur moment de la soirée prolongée. Les convives blasés se réveillent enfin.

Soirée très convenable chez les Barilla, à Cortina d'Ampezzo, j'arrive avec Carole Bouquet. Gérard Depardieu, l'idole de la maison, est déjà loin devant, et Françoise ne se dépêche pas.

Après le hammam où elle passe des heures, Carole se maquille longuement, comme Néfertiti qu'elle doit interpréter, dans cet institut de beauté qui est un des atouts de cette station si réputée. Gérard est déjà sur les pistes, skie torse nu, il fonce – au-delà de ses capacités – avec une vigueur plus impressionnante qu'esthétique : excès en tout. Un jour, Françoise, qui le voit arriver torse nu dans le lobby, lui dit, presque sévère : « Vous ne feriez pas ça chez Félix à Acapulco ! » C'est un skieur de combat que rien n'arrête, comme dans la vie. Le ski, c'est l'homme.

Françoise se repose, c'est-à-dire elle lit, et teste les vertus et les mystères du pendule. En multipliant les séances chez Lucia la géomancienne, chargée d'éclairer notre avenir. Difficile, même sur les cartes géographiques qui servent de piste, mais le pendule gigote trop. Lucia voit du « fatal » partout et trouve des ennuis de santé à tout le monde, ce qui rebutera très vite Françoise. Sur la neige immaculée, l'avenir est sombre. Pour qui ? Françoise s'ennuie : « Il faut toujours que ça change. » On va donc « changer de crèmerie », comme dit Gérard, puisque Françoise s'enquiquine ! Heureusement, après dix jours, le mauvais temps nous chassera vers Venise. Puis retour à Paris dans l'avion de Gérard, sans doute celui de Bourgoin, le roi du poulet. Le jet privé servait aux deux compères à l'époque où le nabab bourguignon pensait trouver du pétrole chez leur ami Castro. « Cuba, c'est du sucre, pas du fuel », avait pronostiqué Félix. Météo autour de Venise catastrophique, donc retour difficile que Gérard compense avec sang-froid et gentillesse – aux petits soins comme il sait l'être, il nous apaise à la vodka orange, on rigole beaucoup. Pour tromper l'ennui du vol, il nous amuse en pillant mes écrins pour se déguiser en vitrine de luxe. Il enfile tous mes bijoux, dont ce collier Bulgari trois camés spécial Cortina qui sera volé plus tard, et mes sautoirs qui font trois fois le tour de son cou pourtant robuste. À lui tout seul, Gérard est le meilleur de la place de Vendôme en cette période de Noël. Pour le remercier de nous avoir pris en avion-stop et d'avoir payé le carburant, je lui offre un de mes colliers (perles et saphirs) que je glisse dans sa poche de poitrine. Manière festive en ces temps d'étrennes si conventionnelles de participer au vol et de régler notre écot. Gérard ronchonne, à la manière d'un Bernard Frank qu'il imite à la perfection. Je ne sais pas s'il a dit : « Ça va, ça va » ou « Merci, les filles ! » Françoise hésite, elle, entre : « Fallait pas » et « C'est tout ? » Nous sommes arrivés à bon (aéro)port. Merci, Gérard, pour l'ensemble de ton œuvre…

Je l'ai retrouvé « côté hôpital Foch » où il était hospitalisé, j'allais dire incarcéré, suite à un accident de moto : fracture du fémur gauche. Le tournage d'*Astérix* avait dû être interrompu pour cause de blessure d'Obélix qu'une moto (romaine ?) avait envoyé contre un menhir qui traînait sur les pavés. Vingt et un jours de convalescence, c'est le tarif normal. Insupportable pour Obélix qu'un rien mettait d'humeur à jeter des Romains dans un chaudron.

À cinquante mètres de sa chambre-cachot, celle de Françoise, col du fémur fêlé et compliqué de « troubles du comportement », disait le rapport médical qui ignorait que Françoise était un être exceptionnel, qui n'entrait dans aucune case. On m'avait autorisée à dormir près d'elle, dans un petit lit de camp modèle pour scout préadolescent. Nos journées étaient sages, lecture, téléphone, télévision, comme tous les malades. Deux livres par jour pour Françoise puisqu'elle lit aussi la nuit. Deux écolières modèles. Sauf au moment de faire les courses.

J'avais repéré la petite épicerie près de la gare de Suresnes, le seul lieu de vie. La première fois, je me suis fait repérer, j'étais en robe de chambre. Pour assurer la seconde sortie, j'ai enfilé une tenue réglementaire, Hermès, soldes du Faubourg Saint-Honoré. Je rapportai donc, soigneusement enveloppées de papier bulle antibruit, quelques bouteilles non fournies pas la cantine de l'Assistance publique. Vodka dopée au jus d'orange pour Françoise. JB pour moi, le modèle le plus économique pour affronter le désert de la nuit. Quand le professeur J. Corvin, psychiatre renommé, très bel homme au demeurant, m'avait demandé pourquoi j'étais hospitalisée, j'avais dû lui dire la vérité : « Je n'ai pas de problèmes particuliers. Mon seul problème, c'est madame Sagan. Je dois l'accompagner partout. » Sur le bureau du psy, le livre de mon brillant neveu *Comment ne pas rater son suicide*. Puis Obélix arrivait, pliant ses deux béquilles, ne laissant aucune chance à qui que ce soit de le croiser dans le couloir : chaud devant ! Nous le connaissions alors assez peu, surtout de réputation, mais en vingt et une « entrées » dans notre chambre, comme au théâtre, nous avons fait des progrès. Impossible de lui résister. Impensable de le faire : « Alors, mes poules, on prépare les œufs de Pâques ? » Whisky ou vodka, les cloches étaient déjà arrivées. Le frigo s'avérait inépuisable. Pas fous, ces Gaulois !

Gérard a une nouvelle passion, la guérison par imposition des mains. Il m'a offert une séance, le 5 février 2019, pour mon anniversaire, chez Jean-Paul Scarpitta, son voisin très proche puisqu'ils partagent le même hôtel particulier au décor de théâtre, un bijou fleuri par Jean-Paul qui crée une roseraie royale qui divise le parc en deux ! Pendant deux heures, il m'a traitée pour chasser un mal aussi récurrent que diffus. Il s'est tellement donné qu'à la fin, il est épuisé. Un véritable exorciste.

Gérard Depardieu, quoi d'autre ?!

Sarah Bernhardt

Sarah Bernhardt

Un personnage central, parfois même omniprésent. Faisant fi de l'histoire et de la temporalité, elles se sont enfin rencontrées en 1985 dans une bio très originale, ou plutôt un rendez-vous, que Françoise a concoctée dans le cadre de la collection « Elle était une fois », et publiée en 1987. Françoise considérait pourtant l'autobiographie de Sarah, *Ma double vie*, comme la meilleure bio de l'artiste, point final.

Françoise adore le théâtre depuis toujours et, en ouvrant le livre des mémoires de Sarah Bernhardt, elle rencontre cette « star » impossible à inventer. Qui lui révèle les secrets de sa diction, de son phrasé sur deux octaves et de sa « voix d'or, ou d'airain, ou de cristal », comme elle la décrit elle-même. Dire quarante fois avant le déjeuner « Un très gros rat dans un très gros trou » et avant le dîner « C'est six sous ces saucisses-ci », « Didon dînait, dit-on, d'un dodu dindon », acrobaties verbales dont elle n'a jamais fait usage sur scène, on le sait… Va s'écrire une bio sous forme de dialogues quasi platoniciens qui révèle le secret de Sarah, « le rire incassable », la clé de son inextinguible force de vie. « Je n'ai jamais pu résister au fou rire. Mon incassable gaieté est une invincible gaieté. Je n'ai jamais connu quelqu'un qui puisse freiner chez moi le déferlement de ces vagues de rire, d'autant plus irrésistible qu'il était inopportun… » Un rire d'autant plus « incassable » que c'est acquis dès le berceau.

Le théâtre lui a permis d'« accentuer sa vie ». Le mot qu'elle prête à Sarah lui convient parfaitement car Françoise a toujours cherché à accentuer la sienne… au besoin en mettant du piment dans son curry. Elles avaient aussi en commun d'avoir été célèbres très jeunes. Françoise était heureuse d'avoir connu Marie Bell et d'avoir travaillé avec cette dernière grande

Sarah Bernhardt est présentée dans le magazine Vanity Fair *du 5 juillet 1879, pour annoncer sa grande tournée aux États-Unis. Le 15 octobre 1880, elle embarque à bord du paquebot Amérique et, pendant une tempête, sauve d'une chute mortelle dans un escalier une certaine madame Lincoln. Oui, la veuve du président assassiné.* E vero ?

tragédienne qui avait, à ses débuts, croisé Sarah dans les couloirs du Français.

Grâce à Sarah Bernhardt, Françoise lâche quelques aveux, laisse des pistes de réflexion. Laquelle des deux avoue : « J'ai toujours eu une réputation de futilité qui ne m'a pas empêchée de lire bien plus que des supposées lettrées. Je peux très bien oublier qui je suis quand je lis » ? Un livre à la main, c'est l'expression de la vie de la Françoise que j'ai connue. Ses Proust devenus impalpables à force d'avoir été lus, relus, questionnés, tout comme les deux tomes d'Éluard qui lui a donné huit titres de livre.

Quand elle fait dire à l'actrice : « J'étais capable de tout vivre : j'avais dix-sept ans et je pouvais faire ma vie moi-même », c'est Françoise qu'on entend (enfin !) alors qu'elle écrivait *Bonjour tristesse* sur un cahier de lycéenne.

Sur l'amour

Un florilège…

« Je trouvais que les hommes étaient plus libres et plus loquaces dans un lit qu'ailleurs ; et la fidélité n'était pas mon fort. »

« J'ai toujours aimé être la maîtresse des hommes mariés, ça vous permet de les voir au mieux de leur forme et vous évite de les supporter dans la cohabitation. »

À Françoise qui aimait tant les dictionnaires, j'ai offert ses citations préférées. Elles sont de Sarah ou de Françoise.

« Les hommes aiment bien être rassurés dans leur vanité. »

« On se lasse de l'égalité ; il y a toujours dans l'amour un rapport de force que l'on veut inverser ou accentuer, sans lequel l'un ou l'autre s'ennuie. »

« Pourquoi ne peut-on pas vivre avec quelqu'un qui est de la même espèce. Pourquoi ne pas vivre avec notre alter ego, notre âme sœur, notre amant frère, notre double. Pourquoi devons-nous toujours repartir vers des champs de bataille ou des ambitions ou des passades. »

« Un véritable homme à femmes préfère rentrer avec une femme que la sortir. »

« Les contradictions vont avec l'intelligence, le coup de foudre, monument d'ennui, devient un raz-de-marée. Vous chantez dans la même foulée la supériorité de l'intellect sur le physique, comme le contraire. Pour moi qui passe mon temps à changer d'avis, c'est une bénédiction de vous écouter… »

« Il me fallait mille précautions pour retrouver ces amants de passage, ces indispensables accessoires, car tout Paris me surveillait… »

« J'ai toujours aimé être aimée, même de loin. »

« Quand on me demande à quel âge je renoncerai à l'amour, je réponds sans rire (incassable) : jusqu'à mon dernier souffle, je vivrai comme j'ai vécu ! »

« C'est étrange comme la morphine, ou les drogues, ou l'alcool semblent être les seules maîtresses qui puissent me succéder heureusement auprès des hommes que j'ai un peu aimés ou qui m'ont plu. »

Sur l'argent

« Je n'ai jamais tiré aucune fierté ni aucun sentiment de supériorité vis-à-vis des hommes, de gagner plus d'argent qu'eux, ou même qu'ils dépendent de moi sur un plan matériel ; cela ne leur a jamais ôté à mes yeux aucun prestige ni aucune virilité. »

« J'ai toujours eu l'argent volage et j'y tiens comme à quelque chose qui rentre par la porte et ressort illico par la fenêtre. Maintenant, que sous cette fenêtre il y ait des mains qui en ont besoin et l'attendent ou des casinos démoniaques ne regarde que moi. »

« Je n'avais plus un sou. J'étais réduite à quia et mes créanciers devenaient insistants. Et quand je dis "insistants", je suis polie. »

« Mes opinions, en politique, provoquaient toujours le tollé. “Eh quoi ! me disait-on, de quel droit parlez-vous des pauvres gens ? Vous vivez dans le luxe, non ?”... Je n'arrivais pas à leur faire comprendre que le fait d'avoir une vie agréable ne m'empêchait pas de la souhaiter à d'autres… »

« J'ai toujours travaillé pour gagner ma vie et celle des miens. Il n'y a que les bourgeois pour croire que l'on a la même âme qu'eux parce qu'on a le même bottier. »

« On a beau ne pas compter, et ne pas vouloir compter, il y a toujours d'autres gens qui se mettent à compter à votre place, qui font des calculs extravagants dont il ressort toujours que c'est vous qui leur devez quelque chose. »

« Je ne m'attendais pas à ce que mes amis aient mes défauts. Pourquoi aurais-je attendu qu'ils aient mes qualités : que je donne à d'autres ne signifiait pas que l'on doive me donner à moi. »

Sa conclusion, devant l'évidence : « Quel dommage que nous ne nous soyons jamais connues ! Qu'est-ce qu'on aurait ri ! Je vous aurais écrit des pièces et nous nous serions horriblement disputées… Il est vraiment dommage que vous ne puissiez pas venir à mon délabré mais seigneurial manoir du Breuil. C'est son nom – plus pompeux et plus digne que le reste, il faut bien l'avouer. » On sent qu'elle envie, dans le meilleur sens du terme, Sarah saluée par Victor Hugo un genou à terre, K.O. de bonheur, le soir de la première triomphale de *Ruy Blas* le 16 janvier 1872.

Sur la drogue

Françoise a une dilection particulière pour Jacques Damala, un des amants de Sarah qui ont le plus compté et coûté, le plus bel homme qu'elle ait vu de sa vie… « La drogue me déplaisait comme tout ce qui est secret, qui se cache, qui se trame, qui fuit, tout ce qui est dissimulé, tout ce dont on a honte. Mais Damala n'avait pas honte ; il parlait de sa morphine comme d'une maîtresse supplémentaire – et la plus chérie sans doute. » Sarah l'épouse quand même, lui confie les plus beaux rôles et constate : « Je ne me rendais même pas compte qu'il me faisait souffrir… »

Françoise adore le portrait qu'Edmond de Goncourt fait de Sarah après la représentation triomphale de *La* Faustin : « Elle avait gardé le pouls précipité d'une vie agissante, remuante, tourbillonnante, qui n'était pas le flottement maladif des femmes du monde mais bien un peu la brillance et le tapage d'un sang qui surent rester de l'enfance, une vie si vivante que sa fréquentation avait je ne sais quoi de capiteux pour les autres et les faisait parlants, causants, spirituels. »

Et Françoise découvre les débuts au cinéma de la plus grande tragédienne française. *La Voyante* d'après Sacha Guitry, ancien propriétaire du Breuil. Effondrée dans un fauteuil, maquillée comme une momie, elle tombe dans le coma devant la caméra, chez elle. « Noir complet, insensibilité, absence de quoi que ce soit. »

Sur la cour

Quand on évoquait la sienne, Françoise se défendait, elle évoquait une bande d'amis – le mot bande était déjà pourtant surexploité. Dans cette interview, imaginaire rappelons-le, mais qui sonne si juste, Françoise raconte à Sarah l'entourage qui lui baisait les mains et les pieds, des corybantes, au mieux des sigisbées. Sarah, dans la bio de Françoise, se récrie à son tour : « Parlons-en de ma cour ! Vous savez ce que c'est que "la cour", non, de quelqu'un d'intelligent (enfin, un peu intelligent) ? C'est une bande d'intimes qui, sous prétexte qu'ils ne veulent pas être courtisans, justement, passent le temps à vous dire vos vérités. » C'est sans doute vrai pour le seul Bernard Frank et la sœur de Françoise, moi, parfois, mais avec précaution…

Le livre auquel Françoise tenait sans doute le plus. Un tirage limité d'une biographie superbement illustrée de la comédienne qu'elle admirait tant, rédigée par un certain Dani Busson et offert par des amis, dont Jean-Jacques Gautier et Jean-Claude Brialy pour les étrennes 1983. « Merci d'être la joie et la jeunesse », lui écrit Brialy en dédicace.

Voyages

Irlande : capitaine Sagan

« Plus exactement État libre d'Irlande, plus connu sous son nom gaélique Poblacht na h Eireann, tous les taxis vous le diront », plaisantait Françoise. Elle aimait sincèrement ce pays qui ne lui ressemblait guère mais dont elle devinait tous les mystères. C'est son amour de l'été de ses vingt ans, l'été de *Bonjour tristesse*, Michel Déon, alors journaliste à *Paris Match* et « futur écrivain », qui l'avait éclairée sur le charme de l'île. Pour la beauté de l'histoire, il aurait dû être celui qui l'a guidée dans les landes et les criques de ce qui serait son pays d'adoption. Mais en 1954, il ne pensait pas encore aux *Poneys sauvages*. « La cavale », c'était Françoise qui l'incarnait sur les grèves infinies d'Hossegor. Un beau jour, à moins que ce ne soit une belle nuit, car c'est dans les ténèbres qu'elle rêvait le mieux, Françoise m'a dit : « Filons en Irlande. » J'ai alors appris que ce n'était pas Déon qui l'avait introduite au paradis celte, mais l'indispensable Massimo Gargia à l'été 1973, alors que je voguais sur des eaux plus chaudes avec Félix sur le *Black Swan* en mer Égée.

En juin, Françoise avait été ulcérée par un article paru dans un hebdo à scandale. On y racontait qu'elle avait hospitalisée d'urgence pour une crise de delirium tremens – alors qu'elle avait totalement cessé de boire. La vérité est tout autre : Françoise avait subi un énième redressement fiscal, mal récurrent qui la poursuivrait toute sa vie,

Photo du haut : À fond les manettes, la voie est libre. Françoise ignore la peur (et la prudence) aussi bien sur une vedette d'eau douce qu'avec ma Jaguar. Coiffée d'une casquette typiquement irlandaise, elle file vers le Shannon.

Photo du bas : Elle a troqué sa casquette historique contre un couvre-chef de capitaine de la marine marchande. Malheureusement, elle se retourne – pour mieux nous écouter – sans lâcher la barre. À ne jamais faire. Notre étrave en souffrira.

et avait fait pour se remettre une cure de sommeil d'une semaine à la Salpêtrière. Tout simplement. Bacchus était innocent, cette fois.

Françoise se sent persécutée par l'immonde calomnie, pas seulement par le fisc. Elle broie du noir. Se coupe de ses proches qui, le 26 juillet, l'entendent, stupéfaits, annoncer au micro de Gilbert Picard sur France Inter, au journal de 13 heures : « Les Français sont des gens charmants mais je vais les quitter. Désolée de le faire bien qu'étant française de cœur, d'adoption, de vie, je vais partir vivre en Irlande, un pays plus respectueux envers les femmes et les écrivains. » Emportée dans son élan, elle annonce qu'elle va « épouser un homme rassurant, qui n'a jamais douté de moi, s'il en a envie. Et faire un enfant. » Elle parlait bien entendu de Massimo.

En août 1965, dans la perspective de préparer sa nouvelle vie, Françoise part en repérage avec son fils Denis. L'avion les dépose à Shannon – qui restera toujours son aéroport d'attache. Françoise court les agences immobilières, sélectionne quelques propriétés peuplées de moutons jouant avec des chèvres, pense même s'installer dans une roulotte de romanichels – on ne dit pas encore caravane et encore moins mobil-home. Mais Françoise est rebutée par le spectacle de ces gens poussant leurs logis dans les côtes, quand les chevaux n'en peuvent plus. Elle préfère monter à cheval, au galop, et non au pas lent de ces SDF si pittoresques. Passer la soirée dans les pubs à vider des chopes, jouer aux fléchettes en rêvant sur des ballades irlandaises. Laissant son fantasme s'évanouir dans les brumes « pur malt », elle rejoint son appartement de la rue Guynemer. À Paris, Massimo est là, un bouquet de fleurs sur le cœur. Ces fleurs ne seront pas nuptiales, il ne sera plus question de mariage, mais leur amitié sera éternelle. Il sera un homme important de sa vie. Et son presque voisin de palier. Massimo fera carrière comme « play-boy international », marque déposée – c'est lui qui le dit –, et signera un livre à ne pas mettre entre toutes les mains. Trente ans plus tard, j'arriverai dans la vie de

Françoise grâce à lui ! Nous ne nous quitterons que le 24 septembre 2004… Ainsi que ma mère Léa, même jour, même année…

Shannon est d'abord un long fleuve tranquille de trois cent quarante-trois kilomètres qui coupe l'Irlande en diagonale, et aussi le paradis du petit peuple des péniches. Françoise avait parfois un besoin urgent de calme, de distance. La péniche lui offrait enfin ce que la roulotte n'aurait pu, un voyage immobile. Loin des tentations des casinos, même si elle n'embarquait qu'avec des joueurs.

Embouteillage lors du passage d'une écluse. Pas un pub à l'horizon, et notre maison flottante est la dernière de la file d'attente. Nous sommes nez à nez avec un collègue qui s'est trompé de sens !

Dans la verte Éirinn, à bord de l'*Esmeralda*, la vie était plus calme. Sauf au passage des écluses, quand Françoise, oubliant qu'un fier esquif n'a pas de frein, entrait comme au volant d'une maserati, tamponnant les deux autres navires qui attendaient calmement leur tour. Elle avait l'art d'emboutir la proue et la poupe. Sans jamais lâcher ce qu'elle a toujours appelé le « guidon ». Ces tôles froissées n'entamaient en rien sa bonne humeur. Elle avait même osé se mesurer à d'authentiques pêcheurs comme moi qui ai été dès l'enfance initiée au lancer sur les rivages et les îles de Bretagne, de Norvège, et les étangs de Sologne. Sa casquette de capitaine lui donnait toutes les audaces. Mais elle n'a jamais ramené que des paquets d'algues ou des joncs. Masquant mal son dépit sous la visière de sa casquette de boss, et sous nos applaudissements narquois. Nous n'avons d'ailleurs jamais dégusté nos poissons pour l'excellente raison qu'aucune de nos prises n'a atteint la taille réglementaire : les Irlandais sont futés. Ils vantent le charme de la pêche, sachant qu'aucun gardon n'a le gabarit pour finir à la poêle. Il nous fallait donc acheter notre friture à la coopérative. Françoise, qui rêvait d'autosubsistance, devait se contenter du risotto mitonné par son indispensable et cher Patrick Le Gouelvout, metteur en scène de *Château en Suède*, qui se prétendait Italien d'origine en dépit d'un patronyme furieusement breton.

Room service sur une péniche. Cela fait partie des plaisirs d'une croisière bien organisée. À chacun sa couleur, je suis à la fois le matelot et le barman et je ne connais jamais d'heure de relâche. Il faut que la croisière s'amuse.

Patrick est le seul capable de nous nourrir puisque Françoise n'approche jamais un fourneau – mais elle est très inventive pour les cocktails. Alors que je ne pratique qu'un seul dessert : le demi-pamplemousse décoré d'une cerise. Prise de risque nulle, ironisait le capitaine Sagan. À la rigueur, j'osais une pêche melba, les jours de fête. Françoise, qui ne pouvait plus rien boire depuis vingt ans, adorait nous concocter des cocktails qu'elle nous apportait avec l'élégance d'un sommelier (elle en avait beaucoup vu) : « Minou, on amène la limonade. » C'était le nom de code pour tromper sa sœur Suzon, une dame d'un autre temps, qui reniflait cette limonade d'un air méfiant. Elle goûtait et crachait aussitôt cette boisson à peine gazeuse, composée à 99 % de vodka et 1 % de jus de citron. Suzon, qui se comportait comme une belle-mère de comédie, tentait de gérer l'ingérable dans la plus stricte économie, s'ingéniant par exemple à faire du pain perdu. Et comme nous faisions bourse commune, elle rayait sur les tickets de caisse au retour du marché tout ce qui était alcool et, inlassablement, refaisait les comptes. Un mot que nous ne pratiquions guère… J'ai mis du temps à l'apprécier, nous l'avons vu, mais elle a été le centre d'un jeu qui nous a amusés pendant des jours. Elle entassait les restes dans des boîtes au frigo et montait la garde devant, son rêve étant de faire durer trois jours le risotto de Patrick. Dès qu'elle avait le dos tourné, l'équipage se ruait sur les Tupperware et en jetait le contenu par-dessus bord : jamais les élégants cygnes gris n'ont été aussi bien nourris. Grâce à Suzon. J'ai même failli perdre un doigt à cause d'un coup de bec trop vorace.

Les distractions sont limitées dans un pays où il pleut deux jours sur trois – ce qui ne gêne pas une femme comme moi, de mère danoise et d'enfance bretonne. Françoise avait dégoté un brave homme qui se louait avec sa voiture. Le malheureux souffrant d'une paralysie faciale *a frigore*, il lui était difficile de communiquer. Françoise prétendait comprendre tout ce qu'il disait mais se réjouissait surtout que l'on roule aussi bien à droite qu'à gauche : la fantaisie irlandaise prenait tout son sens. Le fameux whisky « Potine », ce nectar qu'on ne trouve que dans les stations-services et qui doit sans doute être servi à la pompe – en contrebande –, ne suffisait pas à nous réchauffer et n'aidait pas vraiment aux manœuvres, même sous forme d'irish coffee très local. Suzon nous avait donc offert des pulls inimitables pour lutter contre la fraîcheur quand nos verres étaient vides. C'est le défaut de ces verres bon marché, ils sont toujours vides. Suzon, par ailleurs excellente peintre, avait un hobby étrange : analyser les draps. Un pli simple, célibataire (tranquille). Un pli chiffonné, un couple (partie de jambes en l'air). C'était son côté flic et son jugement valait constat d'huissier. Françoise et moi dormions dans la cabine à la proue… Madame Poirot ne se trompait jamais.

La vie à bord n'est pas une croisière sur un long fleuve tranquille, il fallait parfois improviser. Un jour, perdus dans une sorte de marais, nous avons dû amarrer en urgence et attendre le jour. Françoise a eu l'idée de transformer en câble d'amarrage ma chaîne Hermès, cadeau que mon cher Félix augmentait d'un maillon par an. Jacques Chazot, qui n'était hélas plus de la partie, et que Françoise avait tant aimé, aurait adoré… Deux drames cependant ont pimenté cette paisible dérive au fil de l'eau. Un vrai. Françoise est piquée au bras par une guêpe qui traînait sur une épave, le long de laquelle nous étions garés. Elle qui a tant souffert de vrais accidents s'affole et réclame un docteur ! Prévenu par talkie-walkie, le toubib arrive très vite, déposé par un hydravion, et soigne habilement ce « choc anaphylactique ». La victime, toujours très consciente, ne perd pas le nord pendant cette très légère intervention et me souffle : « Va lui piquer deux seringues et des ampoules, au cas où ça enflerait cette nuit… »

De retour à Roissy, agacée par les conseils de Suzon, je file très vite récupérer ma voiture en demandant à Patrick d'aller chercher mon sac (Vuitton, *of course*) que j'avais oublié dans le compartiment à bagage de l'avion. Il se dépêche tant qu'il oublie ma trousse à bijoux, coincée entre le sac et la paroi. Je réagis trop tard. Quand je reviens dans la carlingue, la trousse a disparu avec ma chaîne Hermès, près d'un kilo d'or des mines du Faubourg Saint-Honoré. Nous n'aurons plus de quoi nous amarrer. Françoise aura simplement enregistré l'incident, comme elle disait. La fin du monde, ce n'était pas son domaine, analysait Bernard Frank.

Petite fraîcheur, la veste de cuir est souvent de rigueur dans la « canicule » irlandaise. Pour une fois, Françoise n'est pas à la barre car elle a décidé d'immortaliser le pays qu'elle connaît le mieux au monde, depuis les années 1960. Capable de tout, y compris de prendre des photos en conduisant sa voiture.

Michel Déon

Paradoxalement, ce n'est pas l'Irlande qui m'avait rapprochée de Michel Déon, le premier amour de Françoise, mais la Grèce. Je l'avais rencontré en 1975, vingt ans après leur histoire, alors que je ne connaissais pas encore Françoise. Ma sœur bouclait une maîtrise de lettres sur Déon, qui passait alors de longs mois à Spetses, loin des fraîcheurs de l'Irlande. Notre *Black Swan* croisait alors en mer Égée et l'excellent capitaine Goumasse se faisait un plaisir de manœuvrer ce ketch aurique de trente-cinq mètres de long et de nous débarquer quand nous en avions envie. Grâce au maire de l'île, viel ami de mon mari, nous rencontrons Déon qui arrivait au port en moto avec ma sœur qui préparait une thèse sur son œuvre et était partie en ambassadrice le rejoindre sur le quai. Il accepta l'invitation à bord et le lendemain, fit le tour de l'île avec ma sœur, ravie, sur le tan-sad. Je l'ai d'abord trouvé un brin « fonctionnaire des lettres », hyper convenable sinon convenu, puis il s'est détendu et a fini par être ébloui par le charme de l'équipage féminin – outre les huit matelots professionnels –, dont la perle était une certaine Miss Israël, idéale figure de proue au pays de Circé. Nous ne savions pas alors qu'il avait écrit un roman coquin, appelé simplement *Plaisirs*, sous le pseudonyme de Michel Férou… Ma sœur travaillait sur ses deux récents succès, *Un taxi mauve* et *Le Jeune Homme vert*. Clin d'œil de l'histoire, il sera membre du jury du prix Françoise Sagan, en 2010, soit très exactement soixante-six ans après l'avoir approchée de très près sous prétexte d'une interview : le jeune homme est toujours vert comme dans le titre de son succès de l'été, puisqu'il franchira le cap des quatre-vingt-dix-sept ans… à Galway, dans sa chère Irlande.

Torcello

Félix me l'avait fait découvrir lors de notre lune de miel et, bien qu'il ait connu toutes les splendeurs du monde, il portait une affection toute particulière à ce joyau de l'histoire. Une excellente raison de le partager avec Françoise. Ce caillou perdu dans la lagune avait pourtant été le premier site investi par l'homme, bien avant Venise. Les touristes sont trop occupés par la Sérénissime et à faire des emplettes dans les verreries de Murano pour avoir le temps de jouir de cette basilique Santa Maria posée sur l'eau avec son baptistère. C'est un de nos meilleurs souvenirs, à la fois très simple et très riche. Et Françoise ne risquait pas d'y être reconnue, l'endroit est (pratiquement) désert, même si Hemingway y a passé quelques jours à l'époque de *L'Adieu aux armes* ! « Un confrère, surtout au bar », plaisantait Françoise, qui y a consommé plus de bouteilles d'Amarone et tué de canards au limoncello qu'écrit de feuillets.

George Sand y avait justement vu « un désert (si peu) cultivé » et, comme elle, Françoise avait été frappée par le charme mélancolique des bustes érodés au milieu des potagers et des chapiteaux épars dans les herbes. Les poules picoraient derrière des grillages – comme à Équemauville.

Les tomates escaladaient leurs échalas. Venise était si loin bien qu'à vingt minutes en motoscafo. Et nous avions, comme guide – outre mes modestes souvenirs –, le passionnant livre d'Élisabeth Crouzet-Pavan, publié cette année-là, en 1995 (et qui vient d'être réédité) : *La Mort lente de Torcello. Histoire d'une cité disparue.* Un sujet pour Julien Gracq, disait Françoise, que j'ai rarement vue aussi songeuse… et apaisée. Une grande heure de bonheur.

Torcello. Une des merveilles de la lagune de Venise, qui n'est pas encore envahie par les paquebots de douze étages. Notre escapade est un de nos meilleurs souvenirs.

Choses vues et entendues

À table

Françoise préférait aller dans des endroits où elle était connue et préservée par le service. Là où personne ne s'étonnerait de sa présence. Au Plaza, qu'elle appréciait particulièrement, nous allions toujours avec Florence Malraux à 13 h 30, à la même table, accueillies par Werther le maître d'hôtel qui savait ce qu'elle allait demander : des gnocchis. C'est la salle qui intéressait Françoise, pas l'assiette. Quelquefois au Fouquet's, où elle aimait retrouver Édouard Baer, au Tong Yen, chez Dominique, au Petit Lutetia, à la Maison du Caviar et surtout chez Gérald Nanty, où je l'avais vue choquée par le baiser fougueux qu'échangeaient une humoriste populaire et sa jeune maîtresse. Élevée dans un milieu bourgeois qui avait ses codes, Françoise détestait ce genre d'impudeur. De même, elle avait eu du mal à croire sa sœur Suzanne quand elle lui rapportait avoir surpris au Breuil une de ses plus fidèles employées grimpant l'échelle à l'arrière du manoir pour aller retrouver un de ses soupirants. J'avais calmé Françoise en lui rappelant qu'il fallait que jeunesse se passe. Ces câlins dérobés ne troublaient pas la bonne marche de la maison, qui était d'ailleurs le cadet de ses soucis ; heureusement pour le bon déroulement des week-ends mouvementés dans les étages.

Stop et encore !

« C'est extravagant » faisait partie de ses expressions préférées. Elle employait à la même fréquence « prendre un godet », « j'ai plus un kopek », « c'est épatant », « plouc » ou « pedzouille ». Mais « extravagant » se situait à un niveau supérieur. Elle pouvait même le dire à un flic qui lui reprochait d'être mal garée (ce qui était la règle !) et qui n'était sûrement pas familier de ce terme.

Elle avait en général (sauf le fameux jour de la perquisition) l'art de se débrouiller avec les agents dépositaires de l'autorité. Je me souviens en particulier d'un retour de casino où nous avions open bar. Nous avions fait la fermeture, comme presque toujours. Les pandores nous arrêtent à 3 h 30 en rase campagne. Pour une fois, j'étais au volant de « ma » voiture, une Mercedes ornée d'une plaque mexicaine étincelante, même la nuit, laquelle attirait forcément l'attention, car le Mexique est bien connu pour ses trafics ! Je stoppe à la première injonction, ce n'est plus l'heure du rodéo. Je prépare mes papiers, évite de regarder si l'on brandit l'éthylotest. Et, stupéfaite, j'entends Françoise, d'une voix qu'elle s'applique à poser, dire aux gendarmes : « Mais vous devriez être couchés à cette heure-là ! » Elle avait pris la main et menait la danse. L'avaient-ils reconnue ? C'est possible, mais pas certain. Elle embraye si j'ose dire sur les courses de chevaux – nous sommes à cinq kilomètres de Deauville. Elle joue la petite fille espiègle : « Vous n'allez quand même pas nous punir. » Retour aux courses. Elle leur livre alors quelques informations inédites, c'est l'époque où son cheval avale les obstacles. Comme elle ! Le gendarme salue à la visière, claque des talons en lui lançant « Merci pour le tuyau » et nous laisse partir sans autres formalités.

Les mains scrupuleusement en haut du volant – la marque des vrais pilotes –, elle braque à fond et arrache au gazon du Breuil ma nouvelle Mercedes. Elles reviendront indemnes…

Françoise dans le texte

Encore un chemisier culte, consacré cette fois à une seule race, en hommage à Banco, reproduit à l'infini. Cadrage très convenu, exactement le genre qu'elle détestait.

Elle n'était jamais là où on l'attendait. Idolâtre de Proust comme on le sait, elle pouvait passer des soirées à fouiller dans les *Brèves de comptoir* de Jean-Marie Gourio, qu'elle achetait à Cajarc, son élixir de vacances. Je ne l'ai jamais vue autant rire et elle pouvait revenir sur la même histoire cinq fois dans la soirée. Florilège. « La télé, c'est tellement con que même les pigeons se posent plus sur les antennes » ; « Avant d'être fort comme un chêne, faut être con comme un gland » ; « Je ne préfère pas savoir la date de ma mort, celle de ma naissance me fout suffisamment le cafard » ; « L'amour rend aveugle, ça donne pas envie » ; « J'aime pas les enfants. T'en as deux, non ? Oui, mais je les aime pas non plus » ; « Plus je prends de l'âge, moins j'arrive à dormir. Quand je serai morte, je n'arriverai pas à fermer l'œil. »

Elle pouvait passer des journées à lire dans notre suite de la Mamounia où je l'ai emmenée deux fois pour lui changer les idées, sans chercher à sortir dans les souks que j'adore. Pendant des heures, elle écrivait des poèmes sur du simple papier à lettres de l'hôtel. Florence Malraux voulait en faire un livre. Mais depuis qu'elle avait gentiment conseillé à Françoise de ne pas espérer être publiée dans la Pléiade, celle-ci l'écoutait moins…

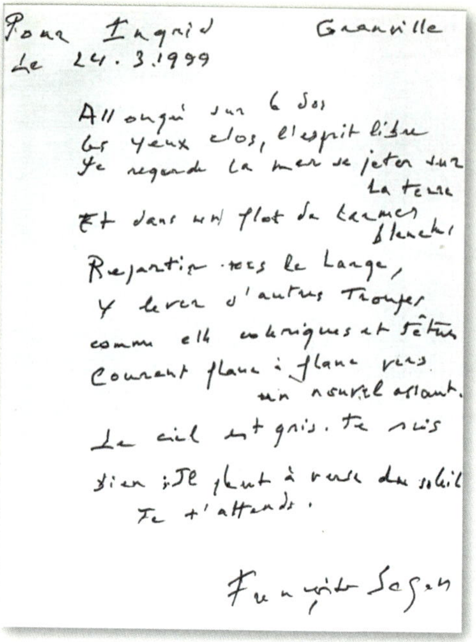
Pour Ingrid Granville
Le 24.3.1999

Allongée sur le dos
les yeux clos, l'esprit libre
Je regarde la mer se jeter sur
la terre
Et dans un flot de larmes
blanches
Repartir vers le large,
Y lever d'autres troupes
comme elle obstinées et têtues
Courant flanc à flanc vers
un nouvel assaut.
Le ciel est gris. Je suis
bien. Il pleut à verse du soleil
Je t'attends.

Françoise Sagan

Ce billet fait écho à la scène de la page 51 avec les perfusions au JB. Datée pour une fois – du 24 mars 1999 –, à Granville. « Allongée sur le dos, les yeux clos, l'esprit libre je regarde la mer se jeter sur la terre… Le ciel est gris, je suis bien. Il pleut à verse du soleil. Je t'attends. »

Elle n'a jamais aimé être seule, sauf quand elle l'avait décidé, et si je traînais trop, elle souffrait de vraies crises d'angoisse. Quand je revenais les bras chargés de cadeaux, je la trouvais presque suicidaire. Et je savais qu'elle était mal quand elle n'ouvrait pas son Proust, qu'elle m'avait appris à lire dans le texte. Une seule fois, elle a accepté de me suivre dans une balade en montagne, à l'Oukaïmeden. Pour me faire plaisir. Puis elle s'est replongée dans Proust. Bien avant la vogue du mariage pour tous, elle m'avait demandée en mariage, d'abord oralement, puis par écrit dans une lettre destinée à ma mère Léa. Une vraie lettre, très officielle. Une marque d'amour alors que je ne pensais pas qu'elle m'aimait, à la rigueur qu'elle m'appréciait… sauf quand je faisais des phrases trop longues. Elle me disait : « Tu es craquante, je t'ai aimée dès que je t'ai vue. Tu es drôle. J'adore les menteuses… » Toujours des phrases courtes et déroutantes ! Après la mort de Françoise, Bernard Frank m'a lui aussi demandée en mariage (alors que j'étais déjà mariée, avec le comte Allain de Lesguern !). Un 11 novembre, pas une date idéale bien que facile à retenir.

J'ai choisi cette image car Françoise porte un chemisier entièrement peuplé de chiens de toutes les races, les chiens qu'elle aurait voulus quand elle était enfant.

Elle avait des phobies qu'on n'expliquait pas. Ainsi à la Noël 1995. Avec Jean-Paul Scarpitta, on avait conçu un décor « somptueux », cinquante petits sapins floqués de neige et un immense arbre de Noël qu'on avait eu du mal à installer dans le duplex de la rue de Lille. Elle avait trouvé le show digne d'enfants attardés et Jean-Paul avait dû démonter le chef-d'œuvre. Parfois, elle jouait avec nous comme avec des pions, cédant à un petit penchant machiavélique : elle nous manipulait, quitte à se faire pardonner ensuite. Elle était très douée dans le genre auteure de théâtre vivant, grandeur nature. Je l'ai vue embobiner une femme médecin de l'Institut médico-légal venue effectuer à la maison des prélèvements dans le cadre d'une enquête pour consommation de drogue. Une très belle femme, accorte. Je ne sais plus comment Françoise a orienté la conversation vers les chevaux. Elles ont parlé tiercé, Françoise lui a raconté les exploits de son cheval Hasty Flag, de ses déboires. Elles ont ri. Pendant ce temps se jouait un contrôle antidopage digne du Tour de France. Françoise s'est éclipsée pour remplir une pipette. Mais c'est la secrétaire de Françoise, madame Bartoli (que Françoise n'a jamais appelée par son prénom), qui a fourni l'échantillon afin que le contenu soit négatif. La charmante enquêtrice serait venue un autre jour, elle aurait pu trouver quelques lignes oubliées sur le lavabo de la salle de bains.

Sa corvée annuelle, le sapin de Noël. Françoise supporte ce caprice par tendresse pour moi. Elle pousse même l'obligeance jusqu'à empêcher Fouillis de s'adonner à son plus grand plaisir : dévorer les rubans des paquets.

Une nuit de Noël, Bernard et Françoise étaient rentrés ensemble, sans moi, c'était rare, dans la décapotable. J'étais donc restée seule à jouer au casino de Trouville où je gagnais un max, ce qui n'était pas si fréquent non plus. Pour m'encourager, Jean-Luc, le barman, m'offrait des verres gratuits… De retour au Breuil, j'ai glissé quelques billets sous l'oreiller de chacun de nos invités, tous profondément endormis, comme la petite souris aux enfants qui ont perdu une dent. Il y avait de quoi faire ! Bernard se réveille un instant et râle, évidemment : « On verra ça demain », il voulait dire à midi, avant de se rendormir. Curieusement, Françoise, pour des raisons que je ne comprends toujours pas, m'a alors fait la morale. Ce n'était pas raisonnable ! Quoi ? De jouer, ou de partager ? Puis elle a ajouté, avant que je lui pose la question : « Mais rien n'est raisonnable… » Surtout pas elle, et moi moins encore. On ne pratiquait pas le culte de la déesse Raison à Équemauville. C'est pourquoi il faisait si bon y vivre.

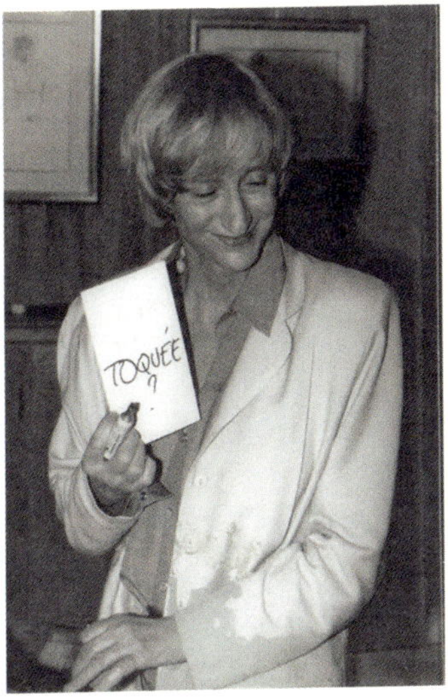

Toquée ? Françoise a trouvé la bonne réponse à ce jeu de mots qui la passionne, puisque c'est un jeu. Elle avait d'abord écrit « Toquades »…

Chine et puces

Françoise adorait chiner. Dans cette atmosphère ouatée, protégée par les mille recoins qu'offre la boutique d'un brocanteur, elle pouvait plus facilement passer inaperçue qu'au restaurant. Elle y pratiquait un jeu de piste dont elle inventait les règles et qui lui rappelait les aléas et les émotions du jeu tout court. Joueuse, même pour une toile trouvée sous un auvent ! Cette variété de banco la réjouissait aussi intensément qu'au casino.

Un dimanche, aux puces de Vanves, elle tombe en arrêt devant trois petits tableaux. Elle ne marchande pas – ce n'est pas son genre –, embarque son trésor et me souffle : « Ce sont des Fragonard. » De ce peintre majeur, elle connaissait avant tout la ville natale, Grasse, où sa copine Marie-Chantal lui avait inventé un parfum distillé uniquement pour elle. Même si ses peintres de prédilection étaient Pissarro, Pascin, Bonnard, de Staël, elle appréciait l'éclat et la sensualité des peintres du glorieux XVIIIe siècle. Autoproclamée spécialiste de Fragonard, elle emporte son butin à la maison. « Je vais les nettoyer et la signature finira bien par apparaître. » Françoise avait en effet une technique imparable de pro de la brocante. Elle frottait la toile avec une demi-pomme de terre. L'amidon a cette propriété incroyable de raviver la peinture sans l'abîmer. Elle a frotté une bonne heure. Fragonard n'a pas daigné se montrer, mais elle était heureuse d'avoir osé. Les tableaux sont à Cajarc. Ces virées aux puces, dont on parle peu, étaient une de ses distractions préférées. Même après son opération, elle adorait flâner, alors qu'elle avait du mal à se déplacer et était parfois obligée d'utiliser, pour se reposer, un fauteuil… à vendre. Un marchand malin lui avait même demandé de poser pour une photo souvenir du genre « fournisseur officiel de madame Sagan ». Souvent, les gens se retournaient : « Vous n'êtes pas Françoise Sagan ? » « Non, mais je dois lui ressembler car on me le dit souvent. » Elle supportait plus facilement cette promiscuité foraine que celle des restaurants. Mais ça l'agaçait beaucoup qu'on lui dise « Ah ! *Bonjour tristesse* ! »

Personne ne l'avait jamais interpellée avec *Un certain sourire*.

Hommage au « huit » qui lui avait permis d'acheter le Breuil en le jouant au casino. Photo de Vessela Kroutcheva, la femme de l'indispensable Bernard Broncart que Françoise appelait « mon aide de camp, l'homme qui m'a le plus souvent prise dans ses bras »… pour des raisons techniques quand elle était souffrante.

Table des matières

Composition
PRESS·PROD

IMPRIM'VERT®
PEFC™ 10-31-1510

Imprimé en France
par Corlet Imprimeur
14110 Condé-en-Normandie
Dépôt légal : septembre 2019
N° d'impression : 202207
ISBN : 978-2-7499-3789-2
LAF : 2656